TRINITY

Zum Buch

Eine ausgeglichene Energiebalance ist der Schlüssel für ein gesundes, schöpferisches und glückliches Leben. Doch in unserer heutigen Gesellschaft bewegen wir uns auf einen kollektiven Energiemangel zu – Energieräuber wie Elektrosmog, Stress oder negative Gedanken mindern unsere Lebenskraft.

Dieter Broers definiert Erschöpfung und Burn-out als Zustände, in denen der Mensch von der Lebensquelle Energie abgeschnitten ist, obwohl sie uns vom Kosmos unbegrenzt zur Verfügung gestellt wird. Er schlägt sieben Strategien vor, um gestaute Energien wieder zum Fließen zu bringen und ein schützendes Kraftfeld aufzubauen: Meditationen, Visualisierungen und Bewusstseinsübungen gehören ebenso dazu wie eine bewusste Ernährung, gezielte Bewegung und eine liebevolle Kommunikation.

Die energetische Transformation führt zu einem ganzheitlichen Bewusstsein, in dem sich Krisen in Chancen verwandeln – persönliche wie globale.

Zum Autor

Dieter Broers forscht seit den 1980er-Jahren als Biophysiker auf dem Gebiet der Frequenz- und Regulationstherapie. Seine Arbeiten führten zu 113 internationalen Patenten, v. a. im Bereich der medizinischen Therapie und Forschung. Seit 1997 arbeitet Broers als Direktor für Biophysik am *International Council for Scientific Development* (ICSD), dem u. a. 110 Nobelpreisträger aus verschiedenen wissenschaftlichen Disziplinen angehören, und wirkt im *Committee for International Research Centers.*

DIETER BROERS

CHECKLISTE ENERGIE

SIEBEN STRATEGIEN, WIE SIE BURN-OUT UND ENERGIEVERLUST KOSMISCH-ENERGETISCH HEILEN

TRINITY

2. Auflage 2011

Umschlaggestaltung und Motiv: David Hauptmann,
Hauptmann & Kompanie Werbeagentur, Zürich
Satz: BuchHaus Robert Gigler, München
Druck und Bindung: Pustet, Regensburg

ISBN 978-3-941837-26-3

www.trinity-verlag.de

INHALT

VORWORT

Dieses Buch offenbart Ihnen eines der größten Geheimnisse unserer Existenz: Energie. Auch wenn wir sie nicht sehen können: Sie ist allgegenwärtig. Wir beobachten ihr machtvolles Wirken, wir spüren sie mit jeder Faser unseres Seins. Und wir ahnen: Ohne Energie würde unser Universum nicht existieren, weder das gigantische Kraftwerk der Sonne noch das winzigste Insekt.

Während meiner zahlreichen Vortragsreisen habe ich erlebt, wie groß das Interesse für dieses Thema ist. Immer mehr Menschen fühlen sich kraftlos. Sie spüren, dass ihnen etwas Entscheidendes fehlt, ohne recht zu wissen, was. Sie leiden an innerer Erschöpfung und lechzen förmlich nach verloren gegangenen Energien. Manche suchen seit Jahren nach einer Erklärung dafür, warum ihre Kräfte derart brachliegen.

All diesen Suchenden ist die »Checkliste Energie« gewidmet. Ich habe das Buch geschrieben, weil wir das Wissen über das weltumspannende Netz der Energien nie so dringend brauchten wie heute. Die Anforderungen an den Menschen der Gegenwart steigen unaufhörlich. Der Überlebenskampf ist härter geworden, unsere technologisch hochgerüstete Zivilisation fordert täglich ihren Preis. Burn-out, Krankheit und Depression gehören mittlerweile zum Erscheinungsbild der modernen Gesellschaft.

Den vielen Krisen und Verunsicherungen können wir nur begegnen, wenn wir in der Lage sind, kraftvoll und authentisch unser Leben zu gestalten. Wenn wir innere Stärke besitzen und uns unverwundbar fühlen dürfen, weil wir uns unserer Energiepotenziale sicher sind. Genau das aber ist zu einem kollektiven Problem geworden. Der allgemeine Energiemangel ist mit Händen zu greifen; physische und geistige Energie scheinen eine ebenso kostbare wie bedrohte Ressource zu sein.

Oft werde ich gefragt: Woher kommt Energie? Aus welcher Quelle speist sie sich? Und – könnte sie eines Tages versiegen? Die wichtigste Antwort darauf lautet: Wir haben es mit einem Phänomen zu tun, das die meisten Menschen noch nicht in seiner ganzen Unendlichkeit erkannt haben.

Alles ist Energie, das ist die wissenschaftlich fortgeschrittenste und zugleich die uralte spirituelle Definition des Kosmos. Deshalb besitzen Energien nicht nur die Fähigkeit, uns und unseren Kosmos zu erschaffen und aufrechtzuerhalten, sondern auch, uns zu schützen und zu heilen. Nicht zuletzt sind ungehinderte Energieflüsse dafür verantwortlich, dass wir gesund und glücklich leben können, trotz aller Belastungen, denen wir täglich ausgesetzt sind.

In sieben Kapiteln werde ich Sie mit den unerschöpflichen energetischen Quellen vertraut machen, die uns von Natur aus zugänglich sind, auch wenn wir häufig verlernt haben, sie zu erschließen. Schritt für Schritt werden Sie erfahren, woher Energie stammt und was wir tun können, um die Allgegenwart kosmischer Energie für uns ganz persönlich zu nutzen – so leicht und selbstverständlich, wie wir atmen. Es sind zugleich sieben Strategien der ganzheitlichen Heilung.

Wer die Wirkgesetze der Energie kennt, weiß sich im Bunde mit großen Kräften. Er versteht, dass wir Menschen im Kern energetische Wesen sind. Und er wird alles dafür tun, um Leben spendende Energieflüsse aufrechtzuerhalten. Im Gegenzug wird er alles vermeiden, was ihm Energien raubt und den energetischen Kreislauf unterbindet. Dieses Wissen ist unverzichtbar für ein Leben in innerer und äußerer Balance.

Einst war es ein intuitives Wissen. Von jeher hat sich die Menschheit deshalb mit Energien auseinandergesetzt. Lange bevor Naturwissenschaftler sich dem Thema widmeten, stand es bereits im Zentrum der großen Religionen und spirituellen Lehren. Die Schamanen, die Weisen, die Sternendeuter, sie alle erforschten den Einfluss universaler Energien auf unser irdisches Leben. Und sie waren überzeugt: Es ist Energie, die Mikrokosmos und Makrokosmos verbindet, in einem nie versiegenden Fluss.

Viele bedeutende Theorien sind seither aufgestellt worden. Manche sahen in der Energie den göttliche Atem, der die tote Materie belebt. Andere mutmaßten, es handele sich um ein Lebenselixier, das in unseren Adern zirkuliert. Viele Denker gingen so weit zu behaupten, dass Energie den gesamten Kosmos durchdringe. Allen Theorien gemeinsam war das Erkenntnisinteresse. Denn zweifellos entscheidet die Verfügbarkeit von Energie über unsere körperliche und seelische Gesundheit und darüber, ob es uns gelingt, in Harmonie mit der Schöpfung zu leben.

Wie ich im Folgenden zeigen werde, haben wir es bei diesem Thema mit der Essenz unseres Menschseins zu tun. Und ich verspreche Ihnen, dass sich mit dem Wissen um das Wesen der Energie Ihr Leben grundlegend verändern wird. Sie werden erleben, dass ein entwickeltes energetisches Bewusstsein auf allen Ebenen Ihres Lebens transformierende Kräfte freisetzt. Ihr Geist wird sich erweitern, und Sie werden viele neue Energieressourcen erschließen, die bis hin zu Ernährung, Bewegung und Kommunikation reichen.

In den folgenden Kapiteln werde ich schildern, wie Sie zu den Quellen gelangen, die durch unsere denaturierte Lebensweise nur zu oft verschüttet wurden. Trotz der Präsenz moderner »Energieräuber« müssen wir nicht tatenlos zusehen, wie wir in Schwäche, Lethargie oder gar Krankheit versinken. Wir alle haben die Begabung, Blockaden aufzulösen und im wahrsten Sinne des Wortes »in Fluss« zu kommen.

Machen Sie Energie zum Angelpunkt Ihres neuen, befreiten Lebens! Beginnen Sie gleich heute. Mit einfachen Übungen am Ende jedes Kapitels können Sie Hemmnisse überwinden und Ihr energetisches Potenzial entwickeln. Es sind zum einen Meditationsübungen, die auch für Anfänger geeignet sind, zum anderen sind es Bewusstseinsübungen, mit denen Ihnen die Augen und Sinne geöffnet werden für Ihre kosmische Dimension, für Ihre Bestimmung.

Ich nenne diese Übungen Energierituale. Sie helfen uns, das Zirkulieren der Energie zu spüren und unseren Energiestatus entscheidend zu erhöhen. Schon nach wenigen Tagen werden Sie feststellen, dass ungeahnte Kräfte Sie durchpulsen. Sie werden sich stärker, gelassener und gesünder fühlen. Sie werden achtsamer durch die Welt gehen und Ihre Wahrnehmung auf die positiven, schöpferischen Facetten des Seins richten, die Ihnen vom Universum geschenkt wurden.

Ganz gleich, welche Vorgeschichte Sie haben, ganz gleich, in welchen Lebenskontexten Sie stehen – Energiearbeit ist kein Luxus, sie ist das Tor zu einem umfassenden Bewusstseinswandel. Wir befinden uns an der Schwelle einer Zeitenwende, die wir nur mit einem transformierten Bewusstsein aktiv mitgestalten können. Geben Sie Ihrem Körper und Ihrer Seele das, was sie am dringendsten brauchen: Energie, die uns innerlich wachsen lässt und uns in die Lage versetzt, die großen Herausforderungen unserer Zeit zu meistern.

1. ALLES IST ENERGIE – Der Kosmos stellt uns unbegrenzte Kräfte zur Verfügung

Energie ist zu einem Schlüsselbegriff unserer Gegenwart geworden. Permanent wird er mit neuen Bedeutungen und Erklärungen aufgeladen, eines jedoch ist allen Interpretationen gemeinsam: Offenbar haben wir es mit gewaltigen Kräften zu tun, die alles Leben erschaffen und steuern, von der Teilung der Zelle bis zum Bewegungsgesetz der Gestirne. Was aber genau verbirgt sich genau hinter dem Begriff Energie?

Im Allgemeinen sprechen wir von physikalischer, körperlicher und geistiger Energie. Wir treffen Unterscheidungen, und das ist auf den ersten Blick auch sinnvoll. Aus quantenphysikalischer Sicht stellt sämtliche Materie einen Zustand von Energie dar. Die Energie, die ein Auto beschleunigt, ist eine andere als jene, die unsere Wohnungen wärmt. Die Energie, die von der Sonne ausgeht, ist nicht dieselbe, die einen Denker zu komplexen Theoriegebäuden beflügelt. Wir attestieren einem Sportler, dass er seine körperlichen Energien aktiviert, und einer hingebungsvollen Mutter, dass sie über große emotionale Energien verfügt.

Energie scheint also ein heterogener Begriff zu sein, der sich einer eindeutigen Definition entzieht. Darüber hinaus wissen wir, dass man Energie nicht ausschließlich in PS, in Watt oder Celsiusgraden messen kann. Geistige Energie ist nicht objektiv messbar, so wenig wie die emotionale Energie, die Liebende verbindet. Energie, so würden wir ohne Zögern sagen, ist auch eine rätselhafte Macht.

»Licht und Geist, jenes im Physischen, dieser im Sittlichen herrschend, sind die höchsten denkbaren unteilbaren Energien«, schrieb Johann Wolfgang von Goethe. Auch der große Dichter traf also eine Unterscheidung. Dennoch nennt er physikalische und geistige Energie in einem Atemzug, weil sie ihm offenbar wesensverwandt zu sein scheinen. Der olympische Denker kam der Wahrheit bereits ziemlich nahe. Im Dunkeln blieb jedoch, was die verschiedenen Energieformen zu einer Einheit formen könnte.

Es war die Quantenphysik, die einen völlig neuen Denkanstoß gab. Als es technisch möglich wurde, Experimente auf der subatomaren Eben durchzuführen, waren die Wissenschaftler höchst verblüfft. Denn sie beobachteten Zustände kleinster Teilchen, die sich nicht mehr zweifelsfrei als Materie oder Energie einordnen ließen. Unter bestimmten Versuchsbedingungen wechselten die Zustände so rasch, dass alle herkömmlichen Einteilungen hinfällig wurden.

Die Forscher kamen zu dem Schluss, dass prinzipiell alles Energie sein müsse. »Die Energie ist tatsächlich der Stoff, aus dem alle Elementarteilchen, alle Atome und daher überhaupt alle Dinge gemacht sind, und gleichzeitig ist die Energie auch das Bewegende«, schrieb der Physiker Werner Heisenberg. Der Physiker Erwin Schrödinger präzisierte die Aussagen mit der Feststellung: »Teilchen sind vorübergehende Gebilde eines Wellenfeldes, deren Gestalt, deren strukturelle Mannigfaltigkeit sich so verhalten, als ob sie substanzielle Dauerwesen wären.« Und sein Kollege Hans-Peter Dürr brachte es in dem Satz auf den Punkt: »Ich habe fünfzig Jahre – mein ganzes Forscherleben – damit verbracht, zu fragen, was hinter der Materie steckt. Das Endergebnis ist ganz einfach: Es gibt keine Materie!«

Es gibt keine Materie? Diese Conclusio erstaunte nicht nur Fachleute. Sie löste eine Revolution des Denkens aus. Und sofort regte sich Widerspruch. Sind wir nicht Geschöpfe aus Fleisch und Blut? Haben wir nicht tagtäglich mit Dingen zu tun, die eine feste Form und Gestalt besitzen? Und wenn der Mensch nicht aus Materie besteht, woraus dann?

Die Quantenphysiker beantworteten diese Fragen mit gelassener Konsequenz. Letztlich, so sagten sie, sei das gesamte Universum ein Konglomerat von Schwingungsmustern. Ein homogenes System, das lediglich auf der Ebene der Wahrnehmung eine Differenzierung erlaube. Einen substanziellen Gegensatz von Materie und Energie jedoch könne man nicht länger aufrechterhalten.

Mancher witterte hier einen unzulässigen Nihilismus. Energie schien eine so flüchtige Substanz zu sein, dass die Schlussfolgerung nahelag, wir hätten es mit dem Nichts zu tun. Das Gegenteil ist der Fall. Grobstoffliche Phänomene, wie sie uns im Alltag begegnen, sei es ein Diamant oder ein Laptop, sind unter dem quantenphysikalischen Blickwinkel tatsächlich Schwingungsmuster. Wenn wir sie dennoch als Materie bezeichnen, handelt es sich um eine Illusion. Poetisch gesprochen: Noch der festeste Gegenstand ist gleichsam gefrorene, kondensierte Energie.

Was zunächst spekulativ klingen mag, leuchtet bei näherem Hinsehen ein. Beschäftigt man sich eingehender mit der Welt der Erscheinungen, so wird schnell deutlich, dass selbst unser Körper ein Organismus ist, dessen Atome und Elektronen in einem ständigen Energieaustausch stehen. Nicht einmal unsere Körperzellen sind eine feste Größe. Sie existieren nur für einen gewissen Zeitraum und werden unablässig ausgewechselt. Die Haut meiner Hand, die ich gerade betrachte, wird in einem festgelegten Rhythmus vollständig erneuert. Ob Hautzellen, Muskelzellen oder Nervengewebe, nichts bleibt, wie es war.

Die gesamte Natur beruht auf energetischen Wechselwirkungen. »Alles fließt«, wusste schon der griechische Philosoph Heraklit und meinte damit: Alles verändert sich, erneuert sich, verwandelt sich. Wir haben es mit einem allgegenwärtigen Energieaustausch zu tun, mit einem Geben und Nehmen, das keinen Anfang und kein Ende kennt. Der Quantenphysik ist es zu verdanken, dass dieses Grundprinzip erstmals empirisch nachgewiesen werden konnte.

Die Forschungsergebnisse von Einstein, Heisenberg und Dürr, um nur einige Namen zu nennen, waren wegweisend. Und nun kam eine ganz neue Dimension ins Spiel. Denn die Definition der Welt als Energie korrespondiert überraschend exakt mit spirituellen Lehren, in denen Energie von jeher als universales Gewebe betrachtet wurde. Diese Lehren fußen auf der Annahme, dass der Kosmos strukturell selbstähnlich sei – dass also Mikrokosmos und Makrokosmos eine Einheit bilden und auf allen Ebenen den gleichen Gesetzen folgen, verbunden durch energetische Flüsse.

In der östlichen Tradition beispielsweise wird die Energie als »Qi« bezeichnet. Es ist ein Synonym für vitale Kräfte, für

Atem, Hauch, Äther, auch für Emotionen. Im Daoismus findet man die differenzierteste Beschreibung. Philosophisch-spirituelle Meister wie Zhuangzi formulierten bereits viele Jahrhunderte vor den Quantenphysikern die Erkenntnis, dass der gesamte Kosmos aus Qi bestehe. Alles, was existiere, alle lebendigen Abläufe seien davon durchdrungen.

Um das Wirken des Qi näher betrachten zu können, benennen die Chinesen verschiedene Aufgaben dieser Energie. So trage das Qi der Erde das Haus, das Qi der Mutter umsorge das Kind, und das Qi der Sonne lasse die Pflanzen wachsen. Ungeachtet solcher Unterteilungen, stellen sich die Chinesen das Qi als ganzheitlichen kosmischen Geist vor, der weder physikalisch noch geistig im traditionellen Sinne unterscheidbar sei. Das Qi ist demnach universal.

Viele Religionen variierten diese Vorstellung mit der Metapher des göttlichen Hauchs, der alles Seiende erst verlebendige. In der biblischen Genesis wird der erste Mensch erschaffen, indem Gott einem Klumpen Lehm seinen Atem einhaucht. Auch in der künstlerischen Theorie des Genies, das zu großen Werken fähig ist, findet sich die Vorstellung, dass ein Genius den schöpferischen Menschen überkommt – ein universaler Geist, »spiritus«, der den Künstler »inspiriere«.

Alles sei ein großes Einatmen und Ausatmen, meinen die Chinesen – und dieser permanente energetische Austausch sei die Quelle der Vitalität. Entsprechend basiert die traditionelle chinesische Medizin auf der Annahme, dass Krankheiten ein Zeichen für blockierte Qi-Flüsse seien. Der gesunde Mensch hingegen befinde sich im harmonischen Austausch mit der universalen Energie. Damit wurde ein Weltbild installiert, in dem Energie grundsätzlich in unbegrenztem Maße vorhanden ist, eine ewige Ressource, die sich niemals erschöpft. Energie als universal wirksames Phänomen wäre dann geradezu im Überfluss vorhanden.

Spätestens hier wird der westlich erzogene Mensch massive Einwände vorbringen. Leben wir nicht in einer Zeit, in der Energie knapp ist? Die fossilen Brennstoffe werden irgendwann aufgebraucht sein. Der Wettlauf um die Erzeugung und Verfügbarkeit von physikalischer Energie beschäftigt heute unzählige Politiker und Ökonomen. Auch unsere ganz persönliche Energie scheint eine knappe Ressource zu sein. Wir alle kennen Zustände seelischer und körperlicher Erschöpfung, die wir oft nur mit großen Schwierigkeiten oder gar nicht überwinden können.

Letztlich folgt die Vorstellung einer begrenzten oder gar versiegenden Energie dem mechanistischen Weltbild, das noch immer unser Denken und Handeln bestimmt. Wir berufen uns möglicherweise auf den Physiker Hermann von Helmholtz, der 1847 konstatierte, ein Perpetuum mobile sei ein Ding der Unmöglichkeit. Manche seiner Kollegen hatten sich nämlich in den Kopf gesetzt, Maschinen zu bauen, die sich ohne weitere Energiezufuhr ewig – im Lateinischen: »perpetuus« – weiterbewegten und damit für immer »mobilis«, also beweglich blieben.

Die Anhänger der Perpetuum-mobile-Theorie wollten beweisen, dass eine anfänglich zugeführte Energie eine Maschine unendlich lange in Gang halten könne – so, wie das Planetensystem nach dem immer selben Plan in Bewegung bleibt. Helmholtz dagegen wies nach, dass die Bewegung aufgrund von Reibungsverlusten unweigerlich zum Stillstand kommen müsse. Damit wurde Energie als begrenzte Größe bestimmt, die künstlich erzeugt werden muss und sich nicht aus sich selbst heraus erneuert.

Erinnern Sie sich noch an den Slogan, mit dem einst ein populärer Schokoriegel beworben wurde? »Mars bringt verbrauchte Energie sofort zurück«, hieß es da. Es kann kein signifikanteres Beispiel für eine mechanistische Vorstellung von Energie geben. Denn der Werbespruch legt nahe, dass wir zwangsläufig »leer« werden und uns regelmäßig wieder »auftanken« müssen wie ein Auto, das auf die Tankstelle angewiesen ist. Dass wir stattdessen in einem zirkulierenden Energiesystem eingebunden sein könnten, in dem wir zugleich geben und nehmen, wird dabei außer Acht gelassen.

Die mechanistischen Vorstellungen prägen bis heute unser Verhältnis zur Energie. Wir haben uns daran gewöhnt, sie als ein rares Gut zu betrachten, das nur in geringen Mengen vorhanden ist. Und wir finden uns damit ab, dass sie uns daher auch häufig fehlt. Alles ist irgendwann aufgebraucht, sagt uns der Verstand, nichts ist in unlimitiertem Maße zu haben.

Andererseits ist den Quantenphysikern immer noch ein Rätsel, woher die Materie ihre Energie bezieht. Elementarteilchen wie die Elektronen beispielsweise beziehen ihre Energie aus einer Quelle, die ganz offenbar außerhalb unserer Raum-Zeit liegt. Tatsächlich konnten einige Physiker berechnen, dass die Lebensdauer der Elektronen nahezu ewiglich ist. Wenn wir uns nun vergegenwärtigen, dass unsere Körper letztlich auch nur eine Elektronengemeinschaft darstellen, mag uns die Vorstellung von »unendliche Energie« in einem anderen Licht erscheinen.

Fasst man die universalistischen spirituellen Lehren und die quantenphysikalische Definition der Welt zusammen, erschließt sich ein völlig anderer Zugang zur Energie: Sie ist wahrhaft unendlich. Wir können sie permanent empfangen, nutzen und weitergeben. Wir können durch sie körperlich, geistig und seelisch unsere Vitalität erhalten. Das Qi ist allgegenwärtig, ja, wir bestehen aus Qi.

Die Legitimität dieser Annahme steht und fällt mit der Überlegung, was »universale Energie« substanziell bedeutet. Was ist konkret gemeint, wenn wir vom Universum sprechen? Und was sind dann die Implikationen einer »universalen« Energieform? Schließlich leben wir im Binnensystem Erde, könnte man einwenden. Befinden wir uns denn nicht in einem hermetisch abgeschlossenen Nukleus, der allenfalls räumlich als Teil des Universums aufgefasst werden kann? Bildet der Planet Erde nicht durch die Atmosphäre gleichsam ein Bollwerk gegen die Unendlichkeit des Alls?

Dies ist ein gängiger Irrtum, der viele Missverständnisse auch über das Wesen von Energie nach sich zieht. Wie Sie gleich sehen werden, sind wir kein abgeschottetes Teilsystem des Universums, sondern im wahrsten Sinne des Wortes »Sternenstaub«, der mit dem Kosmos schwingt. Oder, radikaler: Wir sind das Universum, wir sind Energie.

Das klingt fast unglaublich, denn unsere Alltagserfahrung scheint dagegenzusprechen. Unser Lebensraum ist auf den ersten Blick alles andere als unendlich, sondern begrenzt und sehr spezifisch. Die Naturgesetze der Erde sind von der Schwerkraft bestimmt, vom planetaren Wettersystem, von chemischen Prozessen, die es vergleichbar auf keinem anderen bekannten Planeten gibt. Die Erde ist ein Sonderfall des

Universums, so stellt es sich uns dar. Daher scheint ein Widerspruch vorzuliegen zwischen universalen und irdischen Gegebenheiten.

Schauen wir uns also einmal etwas genauer an, was mit dem Begriff Universum gemeint ist. Das Wort entstammt der lateinischen Sprache. Universus heißt im Wortsinne »gesamt«. Es setzt sich zusammen aus »unus« und »versus«, was man mit »in eins gekehrt« übersetzen kann. Das Besondere an diesem Begriff besteht in seinem allgemeinen Gültigkeitsanspruch: Die Gesamtheit aller Erscheinungen, Entwicklungen und Bewegungen formen das Universum. So weit die Theorie. Aber bleibt sie nicht unbefriedigend?

Tiefer dringen wir in die Eigenschaften des Universums ein, wenn wir nach seiner Entstehung fragen. Über den Ursprung des Universums wurden im Laufe der Geschichte zahlreiche Thesen aufgestellt. Die gängige – und plausibelste – spricht von einem Urknall, der das heute bekannte Weltall und seine Gestirne hervorbrachte. Aber welche Daseinsform ging dem sogenannten »Big Bang« voraus? Auch hier leistete die Quantenphysik Pionierarbeit. Sie postulierte über den frühen Zustand des Universums, dass es geballte Energie von hoher Dichte und Temperatur gewesen sein muss, die irgendwann förmlich explodierte.

Welche Kräfte dabei wirkten, wollte unter anderem Albert Einstein herausfinden. Er war auf der Suche nach der Weltformel, nach einem schlüssigen Erklärungsansatz, der die Geburt des Universums nachvollziehbar machte. Er scheiterte bekanntlich mit diesem Unterfangen. Und bis zum heutigen Tag wird fieberhaft geforscht, um solch eine Weltformel, die »Grand Unified Theory«, zu erstellen.

Dass energetische Prozesse dabei eine Schlüsselrolle spielen, ist unbestritten. Nicht zuletzt die Expansion des Universums, die 1927 vom Belgier Georges Lemaitre entdeckt wurde, zeigt, dass nach wie vor die starken Energien des Urknalls präsent sind – und unvermindert wirken. Heute gehen Forscher sogar davon aus, dass sich die Ausdehnung beschleunige. Dass also die Kräfte, die für die Ausdehnung des Universums verantwortlich sind, nicht etwa erlahmen, sondern im Gegenteil eine immer stärkere Expansion des Raums zur Folge haben.

Das uns bekannte Universum ist etwa 14 Milliarden Jahre alt. Ein nahezu unvorstellbarer Zeitraum. Weit unvorstellbarer ist, dass die Energie des Urknalls immer noch alle lebendigen Prozesse im Fluss halten soll. Doch genau das ist der Fall. Offensichtlich hat diese erschaffende Energie nicht abgenommen. Und ich möchte hinzufügen: Sie ist da und wartet nur darauf, dass wir sie bewusst zu unserem Verbündeten machen.

Was der moderne Mensch häufig übersieht, ist die Tatsache, dass er als lebendiger Teil eines fließenden, ganzheitlichen Systems geschaffen wurde. Wir sollten uns darüber klar werden, dass auch wir letztlich eine Kombination von Schwingungsmustern sind. Jede Schwingung besteht aus mehreren Oszillatoren, die sich idealiter zu harmonischen Strukturen ordnen, ganz so, wie es die Kosmologie beschreibt. Wer aber kontrolliert diese Muster? Wer gibt diese Ordnung vor?

Um das Wunderwerk Mensch und seine energetische Vernetzung mit dem Universum zu verstehen, lassen Sie mich ein wenig ausholen. Sie werden feststellen, dass einige naturwissenschaftliche Grundlagen uns in eine Weltsicht geleiten, in der physikalische und geistige Energie untrennbar miteinander verbunden und substanziell dasselbe sind.

Wir wissen heute aus experimentellen Forschungen, dass energetische Zustände wesentlich mit unserem Bewusstsein zu tun haben. Auch das Unterbewusstsein ist beteiligt – sonst würden wir gar nicht überleben. Mittels unserer Zirkadiane sind wir gewissermaßen in einem universalen Regelkreis verschaltet. Die Zirkadiane formen biologische Rhythmen, die fein aufeinander abgestimmt sind. Somatischer, geistiger und seelischer Bereich stehen dabei in Wechselwirkung.

Fließt die Energie ungehindert zwischen diesen Ebenen, können wir von einem gesunden Menschen sprechen. Werden die Schwingungsmuster unterbrochen, weil wir nicht mehr empfänglich für Energie sind, so treten ernsthafte Störungen auf. Eine Fülle von Krankheiten ist die Folge.

Allgemein betrachtet, bezeichnen zirkadiane Rhythmen typische Schwankungen elementarer Körperfunktionen wie Herzfrequenz, Schlaf-wach-Rhythmus, Blutdruck und Körpertemperatur. Zwei Faktoren sind dabei ausschlaggebend: endogene Einflüsse wie der Hormonhaushalt und exogene Einflüsse wie die Wahrnehmung von Tag und Nacht.

Physiologisch ist der Hauptrhythmusgeber die Zirbeldrüse. Sie gibt gewissermaßen das chronobiologische Metrum vor. Interessanterweise ist die Zirbeldrüse überdies dafür verantwortlich, dass wir Menschen unbewusst energetisch miteinander kommunizieren. Mit anderen Worten: Stimmt die energetische Aktivität, so gleichen wir uns unbewusst mit unseren Mitmenschen ab. Wir synchronisieren uns, wir empfinden Empathie und bemühen uns um ein harmonisches Miteinander.

Die physikalische Matrix dieser unsichtbaren Verbindung ist pure Energie: das Erdmagnetfeld. Es ist eine objektiv beschreibbare physikalische Größe. Seinen Einfluss machten sich von jeher Reisende mithilfe des Kompasses zunutze, denn die Kompassnadel zeigt stets nach Norden und bietet eine zuverlässige Orientierung. Weniger bekannt ist, dass sich auch unser Körper nach dem Erdmagnetfeld ausrichtet. Verantwortlich dafür sind körpereigene Magnetitkristalle, die auf das Feld reagieren wie Eisenspäne auf einen Magneten.

Die Folgen sind weitreichend. Denn Schwankungen des Erdmagnetfelds ziehen unterschiedlichste Reaktionen nach sich. Bei stärkeren Schwankungen und schwächeren Feldstärken häufen sich Herzbeschwerden und Migräneanfälle, symptomatische Konzentrationsschwierigkeiten führen zu vermehrten Unfällen. Bei gesteigerten Feldstärken dagegen können sich unsere Laune und unser Wohlbefinden steigern. Große Erfindungen und hochstehende kulturelle Leistungen wurden zumeist in solchen Phasen erbracht. Ein ganzer Forschungszweig hat sich mittlerweile etabliert, der diesen Zusammenhängen auf der Spur ist.

Das Erstaunliche ist, dass Körper und Geist parallel reagieren. Gesundheitliches Wohlbefinden und geistige Leistungskraft gehen dabei Hand in Hand. Bis in Stoffwechselphänomene und hirnphysiologische Prozesse hinein reichen die Auswirkungen. Ohne es zu wissen, sind wir eingebunden in Vorgänge, die sich dem Auge verschließen, Körper, Bewusstsein und Unterbewusstsein jedoch wirkmächtig steuern.

Solche Funktionen des Erdmagnetfelds könnte man nun als Beleg anführen, dass wir ausschließlich den lokalen Bedingungen unseres Blauen Planeten unterworfen sind. Doch es ist gerade das Erdmagnetfeld, das einen Schnittpunkt zu universalen Energien markiert. Denn es schwankt, und zwar abhängig von extraterrestrischen Schwingungseinflüssen.

Die primäre Resonanzfrequenz der Erde beträgt 7,5 bis 8 Hz. Sie ergibt sich aus den physikalischen Gesetzen eines Hohlraum-Resonators, der auf Frequenzen aus dem All reagiert. Der Physiker Schumann hatte in den Vierzigerjahren des vergangenen Jahrhunderts anhand seiner Berechnungen eine entsprechende Hypothese aufgestellt. Erst Jahrzehnte später konnte man deren Richtigkeit durch Messungen bestätigen.

Was Schumanns Theorie so brisant für unser Thema macht, ist die Empfänglichkeit des Erdmagnetfelds für kosmische Einflüsse. Aus dem Universum, vor allem von der Sonne, erreichen uns täglich Ladungsträger in Form von Elektronen und Protonen, die auf die Ionosphäre der Erde einwirken. Diese Ladungsträger rasen infolge von Sonneneruptionen mit unvorstellbarer Geschwindigkeit durch das All und gelangen auf diese Weise auch zur Erde. Je mehr davon eintreffen – abhängig von der Intensität der Sonneneruptionen –, desto stärker reagiert das Erdmagnetfeld. Es wird angeschlagen wie eine Glocke und damit in eine spezifische Schwingung versetzt.

Dieses Ereignis nennt man Schumann-Resonanz. Durch sie wurde offenbar, dass außerhalb der Erde starke Energielieferanten existieren, die unseren Planeten wesentlich beeinflussen. Diese Gegebenheiten sind mehr als reine Physik. Sie weisen uns darauf hin, dass wir im buchstäblichen Sinne kosmische Geschöpfe sind, die mit dem gesamten Universum korrespondieren. Da wir letztlich nicht aus Materie, sondern aus Schwingung bestehen, gehören wir einem kosmischen System von Energien an, die uns in jeder Sekunde neu justieren können. Auf der rein geistigen Ebene geschieht das beispielsweise über die Zirbeldrüse.

Entscheidend ist nun die Frage, wie wir über unbewusst ablaufende Steuerungen hinaus die universalen Energiequellen nutzen können. Unter welchen Voraussetzungen sind wir empfänglich für kosmische Energie? Und was sind die Folgen eines bewussten Umgangs mit dem, was die Chinesen Qi nennen?

Durch die bildgebenden Verfahren der neueren Hirnforschung kann man heute recht genau feststellen, in welch einem Zustand sich das Gehirn eines Probanden befindet. Die Sichtbarmachung von Gehirnfrequenzen erlaubt einen präzisen Einblick in das Bewusstseinsspektrum. Man kann erkennen, ob jemand in einem ausgeglichenen, entspannten mentalen Zustand ist, oder ob er sich im Gegenteil erregt und irritiert fühlt.

In zahlreichen Studien hat man Probanden untersucht, die geübt in meditativen Techniken waren, und ihre Gehirnwellen während der meditativen Versenkung gemessen. Bei allen Versuchspersonen wurden Gehirnwellen in Frequenzbereichen nachgewiesen, die überwiegend bei 8 Hz lagen. Größtenteils entsprachen die Gehirnwellen der Untersuchten sowohl in einer Frequenz- als auch Phasensynchronisation der fundamentalen Schumann-Erdresonanz.

Die Zustandsbestimmung hängt also von energetischen Parametern ab. Sie entspringen einer Wechselwirkung von physikalischen Einflüssen und mentalen Bewusstseinszuständen, die wir mittels Konzentration respektive Autosuggestion herstellen können. Daher sind wir keine Marionetten kosmischer Abläufe. Vielmehr sind wir in der Lage, unser Bewusstsein für energetische Phänomene zu schärfen, um sie wahlweise zu verstärken oder aber gegenzusteuern.

Ein Beispiel mag das illustrieren. Angenommen, ein abgeschwächtes Erdmagnetfeld versetzt Sie in einen unruhigen, dekonzentrierten Zustand. Sie können das als Laune abtun und behaupten, heute sei einfach nicht Ihr Tag. Als Konsequenz werden Sie mutlos und antriebsschwach sein. Sie verschließen sich wie eine Auster und sind regelrecht »ungenießbar«.

Sie können aber auch in sich hineinspüren, die Irritation als äußeren Einfluss identifizieren und sich mithilfe einer Bewusstseinsübung wieder in eine harmonische Schwingung versetzen. Das wäre der Königsweg: die Verwandlung jedweder Energie in vitale Kräfte. Energie folgt der Aufmerksamkeit: Unsere Vorstellung entscheidet über die Regelung unseres Energieflusses. Richte ich meine Aufmerksamkeit auf angenehme Dinge, erhalte ich Energie, denke ich an unangenehme Dinge, ist es umgekehrt.

Alles hängt davon ab, ob Sie sich selbst bereits in einem wünschenswerten geistigen und physischen Zustand kennengelernt haben. Ob Sie ein feines Gespür dafür besitzen, wie sich ein hoher Energielevel anfühlt. Wenn Sie diesen Zustand als Ziel eines jeden Tages formulieren, haben Sie alle Möglichkeiten, Irritationen auszugleichen – Sie kennen dann keine »schlechten Tage« mehr.

Nun stellen Sie sich vor, welche Kräfte Ihnen zuwachsen, wenn eine gesteigerte Frequenz des Erdmagnetfelds Ihr empfangsbereites Bewusstsein erreicht. Wenn Sie also in der Lage sind, positive Kräfte durch äußerste Achtsamkeit zu vervielfachen. Ihr Schwingungslevel wird Sie förmlich in neue Ebenen katapultieren. Ihr Körper wird energetisiert, Ihr Geist angeregt. Nicht von ungefähr verwenden wir das Wort »beschwingt« für einen seelisch-geistigen Zustand, in dem alles möglich erscheint und alles gelingt. Wir sind gleichsam auf Empfang, und alle Energien des Universums verleihen uns mentalen Rückenwind.

Es muss darum gehen, dass Sie lernen, Energien zu spüren, jederzeit offen für sie zu sein und sie positiv zu verstärken. In dem Wort »flow« liegt genau diese Bedeutung. Es bezeichnet eine aufmerksame, ruhige Entspannungshaltung, in der Energien ungehindert fließen. Der Kreativitätsforscher Mihaly Czikszentmihaly führte den Begriff in die Debatte ein, weil er verdeutlichen wollte, wie stark das schöpferische Potenzial des Menschen von einem durchlässigen Bewusstsein abhängt.

Im erweiterten Sinne ist Flow ein Synonym für harmonisierte Schwingungen. Erreiche ich diese Ebene, so kann ich meine Filter für kosmische Energie öffnen. Sie durchfließt mich, verleiht mir kreative Kräfte und bahnt den Weg für ein Dasein im Einklang mit allem, was existiert. Umgekehrt wirken disharmonische Gedanken und Ängste wie eine Blockade. Die Filter schließen sich, das System Mensch koppelt sich ab von den Energieflüssen. Mattigkeit befällt uns, bis uns alle Kräfte verlassen.

In der Kreativitätsforschung spielt die Unterscheidung zwischen blockiertem Bewusstsein und energetischem Flow daher eine alles entscheidende Rolle. Ein Mensch, der sich verkrampft um die Lösung eines Problems bemüht, wird immer im Gefängnis der altbekannten Gedanken bleiben. Neue Ideen können nicht entstehen, die Fähigkeit, schöpferisch zu sein, liegt brach. Lockert er sich aber und erlaubt seinem Bewusstsein, in einen Flow-Zustand zu gleiten, so strömen die Ideen förmlich in ihn hinein.

Wenn wir uns an den Fluss kosmischer Energie ankoppeln wollen, müssen wir uns daher öffnen. Wir müssen bereit sein, gedankliche Kontrolle abzugeben und den Energien zu vertrauen. Nichts anderes ist Meditation. Ihr Ziel ist es, dass die Gedanken zurücktreten, bis der Geist leer und unbelastet ist. Dann erst kann der Meditierende Anschluss an das große Ganze finden, das Einssein statt der Abgrenzung. Entsprechend symbolisieren klassische Meditationshaltungen öffnende Gesten. Geöffnete Handflächen und das dem Himmel zugewandte Gesicht sind Visualisierungen einer Bewusstseinshaltung, die bereit ist, Energien zu empfangen.

Auch in der seelischen Sphäre lassen sich solche energetischen Vorgänge beschreiben. Es war unter anderem der griechische Philosoph Platon, der sie treffend beschrieb. In einem Dialog in Platons »Politeia« fragt Sokrates seinen Gesprächspartner: »Bist du glücklich?« Der Befragte antwortet mit dem Hinweis darauf, dass er schließlich ein Herrscher sei, also per se glücklich.

Sokrates gibt sich damit nicht zufrieden. Wenn dieses Glück mit Gewalt und Kriegen erkauft wurde, gibt er zu bedenken, dann könne man nicht von Glück sprechen. Schließlich kommt der Philosoph zu einer interessanten Unterscheidung. Es gebe nämlich zwei Arten des Glücks: zum einen das Seelenheil, zum anderen das erzwungene Glück.

Auch wenn Platon natürlich nicht die freudsche Terminologie des Bewusstseins und Unterbewusstseins kannte, so läuft der erwähnte Dialog auf die Erkenntnis zu: Die Seele weiß im Gegensatz zur Ratio, was richtig und was falsch ist. Der kalkulierende Verstand mag versuchen, mit der einen oder anderen Taktik das Glück herbeizuzwingen, das Unterbewusstsein aber bleibt wach für den disharmonischen Charakter des vermeintlichen Glücks und verwehrt wahren Seelenfrieden.

Betrachten wir die Seele unter dem Aspekt harmonischer Energieflüsse, so muss sie verkümmern, falls sie sich gewaltsamer Manipulationen bedient. Der Mensch handelt dann nicht im Einklang mit dem, was ihn umgibt, sondern in Differenz. Er kämpft gegen Energien, statt sie zu nutzen. Er raubt Energien, statt sie zu teilen und dabei zu vervielfachen.

Ich glaube, dass diese Erkenntnis zu den wichtigsten gehört, um eine überzeugende Diagnose des allgemeinen Energieverlusts zu stellen. Viele Menschen klagen heute über Energiemangel, ohne zu ahnen, dass sie selbst die Urheber ihrer Kraftlosigkeit sind. Sie verwechseln Individualität mit Abgrenzung. Sie betrachten sich als Einzelkämpfer, die nicht den Austausch suchen, sondern Energien in der Kategorie des Konsums sehen. Sie wollen möglichst viel davon an sich ziehen, immer mehr. Doch indem sie sich ängstlich abgrenzen, verhindern sie die Energieaufnahme – wie jemand, der lediglich einatmet und schließlich erstickt, weil er sich nicht mehr im lebendigen Austausch befindet.

Ich gebe Ihnen ein weiteres Beispiel. Stellen Sie sich vor, Sie möchten ein Haus durch eine Schwingtür betreten. Da soeben jemand hindurchgegangen ist, schwingt die Tür noch hin und her. Jetzt haben Sie zwei Möglichkeiten. Entweder warten Sie ab, bis die Tür zurückschwingt, um sie ganz aufzudrücken. Dann nutzen Sie die bestehende Energie für sich und werden kaum Kraft benötigen, um die Tür ganz zu öffnen. Oder Sie achten nicht auf die Bewegung und stemmen sich gegen die Tür genau in dem Moment, in dem sie Ihnen entgegenschwingt. Dann benötigen Sie einige Kraft, viel mehr als im ersten Fall.

Das Beispiel zeigt sinnfällig, wie anstrengend es ist, wenn Sie nicht achtsam für Energien sind. Im übertragenen Sinne stemmen sich heute die meisten Menschen gegen Energien und vergeuden damit ihre eigenen energetischen Ressourcen. Sie versäumen es, »mitzuschwingen«.

Was aber sind die strukturellen Voraussetzungen, unter denen wir mit universalen Energien kommunizieren können? Warum finden wir Harmonie und Inspiration, wenn wir uns bewusst auf energetische Einflüsse einlassen?

Mit dem griechischen Wort Kosmos, das wir meist sinngleich mit dem Wort Universum verwenden, erhalten wir einen wichtigen Hinweis. Denn »Kosmos« steht nicht nur für die Gesamtheit aller Dinge, er hat auch die Bedeutung von Ordnung und Schmuck. Der Kosmos ist somit die Antithese zum Chaos, zum ungeordneten Nebeneinander. Insofern bringt die Rede vom Kosmos die Vorstellung zum Ausdruck, dass wir uns in einem harmonischen Ganzen befinden, nicht etwa in einer zufälligen, widerstreitenden Ansammlung von Phänomenen.

Die Kosmologen der griechischen Philosophie waren denn auch überzeugt, dass der Kosmos gleichsam perfekt sei. Sie sprachen sogar von einer Sphärenharmonie, deren Struktur sich auf der Erde wiederhole, von einer unhörbaren Musik, deren harmonischer Klang das gesamte Universum durchziehe.

Für uns heute ist das eine ungewohnte Vorstellung. Überall erblicken wir Ungleichgewicht, Disharmonie, Kampf. Harmonie, so denken wir, sei eher ein frommer Wunsch als beweisbare Realität. Schon wenn man die Nachrichten eines einzigen Tages Revue passieren lässt, begegnen einem allerorten Krisen und Zerfall. Angst macht sich breit, lähmende Lebensangst. Wir vertrauen einfach nicht mehr darauf, dass sich alles zu einem sinnvollen Ganzen ordnen ließe.

Es muss daher fast zynisch wirken, wenn jemand behauptet, dass wir wirklich in der »besten aller Welten« leben, wie der Universalgelehrte und Philosoph Gottfried Wilhelm Leibniz im 17. Jahrhundert meinte. Er sprach von einer Welt, die durch eine »prästabilisierte Harmonie« gekennzeichnet sei. Das brachte ihm vehementen Widerspruch, zuweilen auch blanken Hohn ein.

Alles eine Frage der Wahrnehmung, beschwichtigte Leibniz seine Kritiker: »Es gibt nicht Ödes, nichts Unfruchtbares, nichts Totes in der Welt, kein Chaos, keine Verwirrung, außer einer scheinbaren, ungefähr wie sie in einem Teiche zu herrschen schiene, wenn man aus einiger Entfernung eine verworrene Bewegung und sozusagen ein Gewimmel von Fischen sähe, ohne die Fische selbst zu unterscheiden.«

Ganz wesentlich ist also, mit welchem Wissen wir die Welt betrachten. Und vor allem – was wir deshalb betrachten. Ob wir uns an der Oberfläche des »Gewimmels« aufhalten oder ob wir die Ordnung im vermeintlichen Chaos suchen. Es wird Sie verblüffen: Sie selbst haben die Wahl.

Nehmen Sie sich einmal die Zeit und betrachten Sie einen Sonnenaufgang. Oder sehen Sie einer Blüte zu, die sich in den frühen Morgenstunden öffnet. Sie werden eine positive Energie spüren, die sich sofort harmonisierend auf Sie überträgt. Ruhe und Gelassenheit werden in Sie einkehren. Sie werden sich sowohl der unbändigen Kraft der Sonne bewusst werden als auch der zarten Beharrlichkeit, mit der die Knospe sich entfaltet. Was sich einstellt, ist eine Empfindung des Einsseins mit den universal wirkenden Energien.

Dann machen Sie die Gegenprobe. Stellen Sie sich an eine belebte Kreuzung oder in das Gewühl einer Fußgängerzone am Samstagmittag. Statt in ruhige Kontemplation zu versinken, wird Ihre Wahrnehmung unablässig abgelenkt, Sie fürchten, dass Sie angerempelt werden, dass die Autos Ihnen zu nahe kommen. Sie fühlen sich bedrängt und werden sich um sich selbst sorgen – ganz im Gegensatz zur kontemplativen Haltung, die Sie von sich selbst absehen lässt.

Es ist der meditative Blick, der die Erscheinungen in ihrem Wesen freilegt, auch ihre energetische Dimension. Insofern ist es unsere erste Aufgabe, zum unvoreingenommenen Beobachter zu werden. Das fällt uns naturgemäß schwer. Alles, was wir wahrnehmen, ist zunächst emotional codiert. Wir bewerten die Dinge, bevor wir sie überhaupt richtig anschauen. Wir überprüfen die Realität unablässig daraufhin, was sie für uns bedeutet. Und meist projizieren wir mehr Ängste als Hoffnungen auf das, was wir sehen.

»Die reine Beobachtung ist die Energie, die das, was ist, verwandelt«, bemerkt der spirituelle Lehrer Krishnamurti dazu. »Wenn Sie das verstehen, dann werden Sie sehen, dass Sie vollkommen frei von psychischen Ängsten sind.« Energetische Bewusstseinsarbeit ist nichts anderes, als die Schranken zwischen dem Ich und der Welt niederzureißen. In dem Moment, in dem wir uns als untrennbaren Teil des universalen Ganzen betrachten, haben wir einen wichtigen Schritt hin zu einer offenen, angstfreien Wahrnehmung getan. Es ist die Voraussetzung für den energetischen Austausch.

Die Naturreligionen bauten auf diesem Prinzip ihre wirkmächtigen Weltbilder. Die Menschen der Frühzeit wehrten sich nicht gegen das, was feindlich erschien, sondern versuchten, den Einklang zu finden. Durch magische Rituale beschworen und nutzten sie die Energien, die sie umgaben. Sie beobachteten den Lauf der Sterne, den Wechsel der Jahreszeiten, das Stirb und Werde der Natur und zogen daraus ihre Schlüsse. Sie verbündeten sich mit jenen Mächten, die sie respektvoll Götter nannten. Denn sie wussten: Es wäre sinnlos, sich dagegen aufzulehnen oder in Ängsten zu verharren.

Was wir von den sogenannten primitiven Kulturen lernen können, ist der mentale und emotionale Rückbezug auf das große Ganze. Wenn der Neandertaler das Blut des erlegten Bären trank, tat er es im Bewusstein, dass er sich dessen Energien einverleibte. Und er bedankte sich beim Universum für diese Gabe, denn er war sich bewusst, dass er etwas zurückgeben musste: Energie in Form von magischen Ritualen, von Gesängen und Tänzen. So blieb der Energiefluss intakt.

Auch höher entwickelte Kulturen bedienten sich dieses intuitiven Wissens. Selbst in den Blutopfern der Maya, von denen wir schaudernd lesen, klingt das Motiv eines zyklischen Energiesystems an, in dem sich Geben und Nehmen, Opfer und Geschenk die Waage halten. Es ist Ausdruck der Grundannahme, dass sich alles, was geschieht, harmonisch ineinanderfügen muss. Dass also Harmonie ein Zustand ist, an dem der Mensch aktiv beteiligt ist. Wie anders wirkt da die Erwartungshaltung des heutigen Menschen, der sich gleichsam Harmonie auf Bestellung wünscht.

Ergänzend sollten wir die Überlegung einbeziehen, dass die Welt in einem gedachten Naturzustand durchaus ein harmonisches Zusammenspiel der Kräfte war. Selbst Erdbeben, Überschwemmungen und Vulkanausbrüche gehören zur Entwicklungslogik einer sich permanent wandelnden Natur.

Was im eigentlichen Sinne stört, ist der moderne Mensch. Seit er seine Omnipotenzfantasien auslebt, ordnet er sich die Natur unter. Er handelt gewissermaßen widernatürlich, da er nur nehmen will, ohne etwas zurückzugeben. Oder, energetisch gesprochen: Weil er Energie an sich reißen will, ohne Energie in anderer Form zurückfließen zu lassen. So wird er am Ende mit leeren Händen dastehen.

Als Gegenreaktion darauf denken immer mehr Menschen über ein Leben in Harmonie mit den natürlichen Kräften nach. Sie spüren, dass die Unterwerfung der Natur ein Eingriff ist, der das System empfindlich stört. Ich würde noch weiter gehen. Um es im Hinblick auf unser Thema pointiert zu sagen: Der Mensch erkennt und respektiert die Existenz der Energien nicht mehr. Damit schneidet er sich selbst von den energetischen Flüssen ab. Er verliert das Gespür für die harmonisierenden Kräfte und setzt an deren Stelle eindimensionale Absichten.

Nach allem, was wir über kosmische Energien wissen, ist die Situation des modernen Menschen daher fatal. Er schließt sich fahrlässig aus den natürlichen, universalen Kreisläufen der Energien aus. Seine Gedankenmuster und Herzmuster kommunizieren nicht mehr mit der universalen Energie. Er isoliert sich immer mehr von den kosmischen Quellen.

Die Konsequenzen sind fast tragisch zu nennen. Je unerbittlicher der Mensch sich selbst und die Natur dem Primat seines Willens unterwirft, desto dramatischer zeigen sich die Auswirkungen – und es spricht viel dafür, dass er unwissentlich an seiner Selbstabschaffung arbeitet. Denn ohne kosmische Energie werden ihm bald alle lebensnotwendigen Kräfte fehlen. Sein Körper erschlafft, seine Seele stirbt ab. Der Mensch als isoliertes Teilsystem zieht sich selbst den Boden unter den Füßen weg.

Das universale Bewusstsein dagegen kennt keine Grenzen. Wenn alles Energie ist und wir dazu bestimmt sind, an der kosmischen Energie zu partizipieren, so können wir uns völlig frei in unendlichen Energiefeldern bewegen. Sie werden uns permanent mit lebensnotwendigen Kräften versorgen. So, wie wir stofflich zum größten Teil aus Wasser bestehen und ohne Wasser nicht überleben würden, bestehen wir im höheren Sinne aus Energie und brauchen daher Energie, damit wir körperlich und seelisch vital bleiben.

Im geistigen Bereich ist die Verkoppelung mit universalen Energien eine Quelle der Inspiration und Innovationskraft. Denn kosmische Energie ist kein gleichbleibender Fluss, sie enthält die Fülle dessen, was bereits wahrgenommen, erkannt, gedacht und geleistet wurde. Es handelt sich dabei um einen gigantischen Energiespeicher, der auch als »Buch des Lebens« bezeichnet wird – eine unsichtbare Chronik, in der alles verzeichnet ist, was der menschliche Geist geschaffen hat.

Wenn Sie sich bewusst machen, welche Entwicklungssprünge sich bereits in unserem Universum ereignet haben, welche Energien genutzt und verwandelt wurden, so können wir von einem unerschöpflichen Energiereservoir sprechen. Geschichte ist keine Abfolge von Ereignissen, sie ist das Nebeneinander und die Gleichzeitigkeit von Ereignissen, oder: simultane Energie. Unser Geschichtsbild von Aufstieg und Untergang, Blüte und Zerfall täuscht darüber hinweg, dass uns heute die Quintessenz aller lebendigen Prozesse des Universums zur Verfügung steht.

Tausende von Generationen haben gekämpft, geliebt und Neues erfunden. Sie haben Energien erkannt, in Fluss gebracht und neue Ideen erschaffen. All das ging in das Weltgedächtnis ein, das man »Akasha-Chronik« nennt. Sie ist das Konvolut aller energetischer Prozesse, die jemals im Universum und im Besonderen auf unserem Planeten stattgefunden haben.

In Deutschland war es der Theosoph Rudolf Steiner, der diese Idee erstmals einem größeren Kreis zugänglich machte. Er betonte, dass wir unser volles Menschsein nur dann ausleben können, wenn wir in der Lage sind, in dieser »Akasha-Chronik« zu lesen. Es ist nicht das Gleiche, wie einen Text zu dechiffrieren. Vielmehr ist dieses energetische Wissen intuitiv zugänglich, in Bewussteinszuständen, die offen und frei im ewigen Kreislauf der Energien kommunizieren.

Wir können dann von unschätzbaren Errungenschaften profitieren und uns in das Energiesystem geistiger Flüsse einkoppeln, die uns helfen, unsere individuelle Existenz zu überschreiten. Nur so ist auch erklärbar, warum wir manchmal gleichsam über uns selbst hinauswachsen. Warum wir innovative Ideen entwickeln, ungewöhnliche Problemlösungen ersinnen oder etwas völlig Neues erfinden.

Aus uns selbst heraus könnte uns das nicht gelingen. Wenn wir nur den engen Kreis unserer eigenen Erfahrungen hätten, so würden wir beschränkt bleiben. Erst die Grenzenlosigkeit kosmischer Energien, die das Reservoir von Jahrmillionen Erfahrungen mit sich führen, erweitert unsere persönliche Existenz um die kosmische Dimension.

Wir stehen daher vor einer Entscheidung: Sind wir fähig, uns zu öffnen? Sind wir bereit, uns als Teil des großen Ganzen zu akzeptieren? Können wir »loslassen« und uns den universalen Energien anvertrauen? Oder halten wir starr an unserer selbst gewählten gedanklichen Isolation fest und nehmen in Kauf, dass wir energetisch einem Nullpunkt zusteuern?

Ich weiß, dass wir letztlich keine Wahl haben. Die defizitäre Zustandsbestimmung des modernen Menschen erlaubt keine Alternative zum energetisch entwickelten Bewusstsein. Die einzige Perspektive, die sich uns bietet, ist bewusste Energiearbeit, mit der wir uns wieder in die kosmischen Kreisläufe integrieren. Psychische und körperliche Gesundheit, Einklang und Kreativität, diese Werte sind nicht diskutierbar. Freuen Sie sich auf eine Phase Ihres Lebens, in der Sie das Geschenk der Energie neu entdecken und für sich nutzen. Sie haben viel zu empfangen – und viel zu geben.

Lassen Sie mich nun die wichtigsten Erkenntnisse dieses Kapitels noch einmal knapp zusammenfassen.

Checkliste – Alles ist Energie

- Alles ist Energie, selbst das, was wir Licht oder Materie nennen. Energie stellt Schwingungsmuster dar, die seit dem Urknall alles Seiende ausmachen und durchpulsen. Daher sind auch wir Menschen dazu bestimmt, Energien mittels Resonanz aufzunehmen und weiterzugeben. Wir tun das auf der somatischen Ebene mittels der zirkadianen Rhythmen und auf der seelischen Ebene durch ein entwickeltes Bewusstsein. Wesentlich dabei ist, dass wir uns energetischen Einflüssen öffnen.
- Energie ist unendlich und unerschöpflich, da sie dem Kosmos entstammt. Im naturmagischen Zeitalter war der Mensch intuitiv mit dieser kosmischen Energie verbunden und wusste, dass alles ein Nehmen und Geben ist. Seit der Vorherrschaft des Verstandes jedoch stören wir die Energieflüsse und bauen Blockaden auf. Daher ist es notwendig, dass wir vorurteilslos beobachten, uns allem öffnen, was ist, und uns als Teil eines energetischen Universums begreifen.
- Um seelische und körperliche Gesundheit zu erlangen, sind wir auf einen permanenten Austausch mit kosmischer Energie angewiesen. Sie ist das Lebenselixier, das uns den harmonischen Einklang mit dem Universum spüren lässt und uns grenzenlose Kräfte zur Verfügung stellt. Wir tragen in uns die Fähigkeit, energetische Medien zu sein, die alle erschaffenden Energien des Universums in sich vereinigen. Emphatisch gesprochen, prädestiniert uns das zu kosmischen, ja göttlichen Geschöpfen.

1. Energieritual
Im Austausch mit dem Universum

1 Beginnen Sie mit einer einfachen Übung, die Sie von nun an zu Ihrem täglichen Energieritual machen können.

2 Gehen Sie aus dem Haus, wenn es dunkel ist. Suchen Sie sich einen ruhigen Platz. Stellen Sie sich locker hin und wenden Sie Ihr Gesicht dem Himmel zu.

3 Öffnen Sie Ihre Augen weit, strecken Sie die Arme aus und kehren Sie die Handflächen nach oben.

4 Machen Sie sich bewusst, dass sich über Ihnen die Unendlichkeit des Universums spannt.

5 Ganz gleich, ob die Sterne sichtbar sind oder unter einer Wolkendecke verborgen – spüren Sie dem Gefühl nach, dass Sie Teil des sternendurchzogenen Kosmos sind.

6 Seine Schwingungen sind Ihre Schwingungen. Seine Energie ist Ihre Energie. Denken Sie daran, dass jede Zelle Ihres Körpers aus jener Energie besteht, die alles Dasein formt, unabhängig von Raum und Zeit.

7 Folgen Sie in Gedanken dem Lauf der Gestirne. Stellen Sie sich weit entfernte Galaxien vor, Sonnensysteme, Sternenwolken, die sich alle in einer ewigen Bewegung befinden.

8 Ist es nicht wunderbar, dass Sie als Individuum zu diesem Universum gehören? Ist es nicht ein fantastisches Geschenk, dass Sie ein Resonanzkörper sind, der gewaltige Schwingungskräfte aufnehmen, verwandeln und weitergeben kann?

9 Atmen Sie ruhig, während Sie sich ganz dieser Vorstellung hingeben. Fühlen Sie, wie mit jedem Atemzug unendliche Energie durch Sie hindurchfließt.

10 Machen Sie sich bewusst, dass alles in Ihnen mit den schöpferischen Kräften des Kosmos verbunden ist.

11 Schließen Sie das Energieritual ab, indem Sie besonders tief einatmen und dann die Luft anhalten. Bald schon werden Sie spüren, dass eine beklemmende Furcht Sie befällt. Wer nur einatmet und nicht ausatmet, koppelt sich ab – und wird nicht überleben können.

12 Wenn Sie dann wieder ausatmen und erneut einatmen, wird Ihnen bewusst werden, dass im ständigen Austausch das energetische Geheimnis liegt.

2. FEHLENDE ENERGIE – Warum unsere Gesellschaft vom Burn-out bedroht ist

Wir leben in einer Ära, die zumindest in den westlichen Industrieländern zu den prosperierendsten Phasen der neueren Zeitrechnung gehört. Nie in der Geschichte der Menschheit war die Verfügbarkeit von Nahrungsmitteln größer. Nie zuvor wurde ein derart hoher Status der medizinischen Versorgung erreicht. Die Naturwissenschaften liefern uns fast täglich neue wertvolle Erkenntnisse über die Funktionsweise des menschlichen Organismus. Dennoch begegnet uns seit etwa drei Jahrzehnten immer häufiger ein Wort, das zum Synonym für eine kollektive Mangelerscheinung geworden ist: der sogenannte Burn-out.

Es ist eine Erkrankung mit unterschiedlichsten Symptomen. Auf der körperlichen Ebene äußert sie sich als Mattigkeit, Erschöpfung und Schlafstörung. Schon die kleinsten Tätigkeiten werden zum kaum zu bewältigenden Kraftakt, auf Dauer ist die Physis anfällig für Infektionskrankheiten. Auf der seelischen Ebene lässt sich das Erscheinungsbild einer chronischen Depression beschreiben. Emotionale Indifferenz und Unwertgefühle vereinen sich zu einer umfassenden Lebensmüdigkeit.

Wissenschaftler gehen davon aus, dass heute etwa ein Drittel aller krankheitsbedingten Arbeitsausfälle auf Burn-outs zurückzuführen sind. Und es gibt Anlass zur Vermutung, dass die wahren Zahlen wesentlich höher sind. Denn nahezu alle Krankheiten, die schulmedizinisch behandelt werden, entstehen durch das, was wir als Burn-outs bezeichnen – folgenschwere Energiedefizite.

Diese sind mittlerweile ein ernst zu nehmender Störfaktor gesellschaftlicher Prozesse geworden, denn sie beeinträchtigen nicht nur die Arbeitsleistung, sondern auch familiäre Beziehungen und geistige Aktivitäten. Sie blockieren alle Lebensbereiche und hindern immer mehr Menschen daran, auf der Höhe ihrer körperlichen und geistigen Kräfte zu agieren. Ein rätselhafter Energieverlust scheint den modernen Menschen befallen zu haben. Und weder Vitaminspritzen noch Psychotherapien können nachhaltig etwas daran ändern.

Paradoxerweise trifft es oft Menschen, die im Grunde äußerst leistungsfähig sind und jahrelang bestens funktionierten. Wie aus heiterem Himmel erlahmt eines Tages ihre Vitalität. Manche berichteten, es fühle sich an, als ob man einen Stecker aus einem elektrischen Gerät gezogen hätte. Sie verfallen in Apathie und fühlen sich außerstande, in die gewohnten Bahnen zurückzukehren. Man könnte auch sagen: Sie wirken wie Pflanzen, die man vergessen hat zu gießen.

Forscher wie Hermann Freudenberger und Christina Maslach haben die Phasen beschrieben, wie ein typischer Burn-out abläuft. Am Beginn steht ein hohes Engagement, geradezu ein Enthusiasmus für die beruflichen Aufgaben. Dann jedoch erkennt derjenige, dass sein Engagement nicht die erwünschten Erfolge nach sich zieht oder eine zu große Kraftanstrengung bedeutet. Er empfindet das als Stagnation. Es folgt die Phase der Frustration, die in Apathie mündet – bis der Burn-out das gesamte Leben lähmt. Begleitend zu diesen psychischen Phasen, wird sukzessive der Körper geschwächt.

Ganz offensichtlich handelt es sich also um eine Zivilisationserkrankung, bei der Körper und Psyche gleichermaßen betroffen sind. Natürlich wird intensiv nach den Ursachen geforscht. Zeitmangel, Hektik und ein gesteigerter Leistungsdruck werden genannt. Stress, Überforderung und der Eindruck von Sinnlosigkeit kommen hinzu. An schnelle Heilungserfolge glaubt heute niemand mehr. Dafür ist das Krankheitsbild zu komplex.

Auch immer mehr Menschen, die nicht im klinischen Sinne einen Burn-out aufweisen, klagen darüber, dass sie am Ende ihrer Kräfte sind. Oft werde ich nach meinen Vorträgen von ihnen angesprochen. Sie entstammen allen Schichten und Berufen: Es sind Lehrer, Handwerker, Professoren, Managerinnen, Hausfrauen, Künstlerinnen, Arbeitssuchende. Alle haben sie eines gemeinsam: Sie fühlen sich gleichermaßen ruhe- und kraftlos, leiden unter Schlafstörungen und negativen Stimmungsveränderungen. Obwohl sie meist keine schwerwiegenden existenziellen Sorgen haben, empfinden sie sich überfordert und ausgebrannt.

Häufig werde ich gefragt, ob ich als Biophysiker eine schlüssige Erklärung dafür habe. Ob es an unserer modernen Lebensweise liege, am Elektrosmog, an den Arbeitsbedingungen. Oder ob unsere Gesellschaft einen allgemeinen Niedergang befürchten müsse, die letzte dekadente Phase, bevor möglicherweise etwas Neues beginnt. Zukunftsängste werden offen geäußert, manchmal brechen sich auch Verzweiflung und Pessimismus Bahn. Und sie alle möchten wissen, ob es Perspektiven für eine Besserung gibt.

Dass ein Mangel an Energie vorliegt, ist allen Beteiligten nur zu klar. Doch das ist nur die Oberfläche der Symptomatik. Nach allem, was man heute über energetische Prozesse weiß, gehen die Ursachen tiefer: Es liegt ein Mangel an freiem Energieaustausch vor. Streng genommen beobachten wir daher keinen Energiemangel, sondern Blockaden, die das Fließen der unerschöpflichen kosmischen Energie verhindern.

Das kann man leicht an einem Alarmsignal erkennen, das von Burn-out-Patienten ausgeht: Sie verlieren die Fähigkeit, soziale Beziehungen zu leben. Symptomatisch ist dabei die Tendenz, Kontakte zu vermeiden, bis hin zu völliger Vereinsamung. Sozialpsychologisch gesehen, wird Kommunikation unmöglich. In einer tiefer liegenden Schicht aber können wir die Unfähigkeit zu positiven energetischen Wechselwirkungen diagnostizieren.

Was im zwischenmenschlichen Bereich normalerweise abläuft, ist das gleiche Geben und Nehmen, das energetische Prozesse überhaupt ausmacht. Selbstverständlich ist nicht jede Beziehung im guten Sinne ein Energiefluss, doch im normalen Falle hat jeder Mensch Bezugspersonen, bei denen er sich angenommen und glücklich fühlt. Er tauscht sich mit ihnen aus, berichtet von eigenen Erfahrungen und nimmt andere Erfahrungen an. Solche Beziehungen sind vertrauensvoll und emotional authentisch. Sie stärken Geist und Seele und sorgen sogar dafür, dass der Mensch auch körperlich intakt bleibt.

Studien haben nachgewiesen, dass Menschen, die intensive Freundschaften pflegen und enge familiäre Bindungen haben, seltener erkranken und eine höhere Lebenserwartung haben, als solche, die einsam sind. Nicht ohne Grund: Unsere stammesgeschichtliche Prägung als »geselliges Tier« definiert die Rahmenbedingungen für ein glückliches, erfülltes Leben als ein gelingendes Miteinander. Insofern wiederholt sich beim Burn-out auf der individuellen Ebene, was auch auf der kollektiven heute geschieht: Der Betroffene isoliert sich und unterbricht dadurch lebensnotwenige Energieflüsse.

Andererseits gibt es Beispiele von Menschen, die verblüffende Heilerfolge erlebten. Übereinstimmend geben sie an, dass es keine gängigen Therapien waren, die sie befreiten, sondern ein Bewusstseinswandel. Viele fanden eine neue Lebensperspektive durch geistige Erfahrungen, die sich völlig vom gewohnten Alltagsgeschehen loslösten. Sie suchten Zen-Kloster auf, zogen sich in Yoga-Retreats zurück, machten Erfahrungen mit Reiki oder der Meridianbehandlung.

Ein Zufall ist es nicht, dass gerade die asiatischen spirituellen Lehren eine große Anziehungskraft auf Burn-out-Patienten, aber auch auf diffus kraftlose Menschen ausüben. Wie wir im ersten Kapitel gesehen haben, basieren die östlichen Lehren auf Achtsamkeit für Energien. Das beginnt mit der Definition der Welt als Energie und reicht bis zur Bestimmung des Menschen als energetischer Schwingung. Aus diesem Grund stellen Buddhismus, Hinduismus und Daoismus Meditationen und geistige Rituale ins Zentrum ihrer spirituellen Praxis: Sie verstehen Meditation als Energiearbeit.

Dabei werden Körper und Seele nicht voneinander getrennt gedacht, sondern als Einheit. Alles hängt davon ab, den gesamten Menschen wieder in eine natürliche Schwingung zu versetzen. Es ist ein Zustand, in dem die Schwingung des Individuums kongruent mit der universalen Schwingung ist. Es ist gleichsam »angeschlossen« und schwingt auf der Frequenz kosmischer Energie.

Um diese mentale Phase zu erreichen, bedarf es ruhiger Konzentration, die zu einer Entleerung von Gedanken und zu tiefer Entspannung führt. Diese Haltung steht allerdings diametral zu den Leitbildern unserer Zivilisation. Was heute gefordert wird, ist der flexible, geistig angespannte Mensch, der unablässig neue Informationen verarbeitet und seine seelischen Bedürfnisse dem Arbeitsleben unterordnet. Die Herausforderungen, mit denen er konfrontiert ist, kommen von außen. Er ist fremdbestimmt statt selbstbestimmt. Daher kann er sich Entspannung letztlich gar nicht leisten.

Auch körperlich sind wir heute fremdbestimmt. Wir ignorieren die zirkadianen Rhythmen und überlisten unsere körperlichen Bedürfnisse mit künstlichen Hilfsmitteln. Wenn es draußen dunkel wird, schüttet der Körper Melatonin aus und sorgt dafür, dass wir müde werden. Doch wir gehen dann nicht etwa schlafen, sondern schalten künstliches Licht ein, trinken vielleicht sogar einen Espresso und putschen uns mit verschiedenen geistigen Stimulanzien auf. Das Ruhebedürfnis wird nicht respektiert, so wenig wie beispielsweise die Tatsache, dass wir aufgrund des Hell-Dunkel-Systems im Winter ein größeres Schlafbedürfnis haben als im Sommer.

Neuere Erkenntnisse über die sogenannte Chronobiologie lassen diese Asymmetrie in einem verhängnisvollen Licht erscheinen. Physiologisch sieht der 24-Stunden-Rhythmus einen idealen Ablauf vor, wann wir essen, wann wir geistig tätig werden, wann wir wachen und wann wir ruhen. Doch wir richten uns nicht nach dieser inneren Uhr, sondern nach der Uhrzeit, die uns minutiös vorgibt, wann wir aufstehen, essen, arbeiten oder schlafen dürfen.

Das erzeugt Stress, und zwar eine ganz spezifische Ausformung des »Drucks«, wie Stress wörtlich übersetzt werden kann. Der Arzt für Immunologie Dr. P. Schleicher unterscheidet nach einem Konzept von Hans Selye zwei Arten: negativen Stress, auch Disstress genannt, und positiven Stress, den Eustress. Als Stressoren, zu Deutsch Stressfaktoren, werden alle inneren und äußeren Reizereignisse bezeichnet, die eine adaptive Reaktion, also Anpassungsfähigkeit erfordern. Das heißt: Der Organismus interpretiert die auf ihn einwirkenden Reize und ihre Auswirkungen für die jeweilige Situation und bewertet sie entweder positiv oder negativ.

Alles, was momentan nützlich, angenehm, befriedigend ist, wird in diesem Prozess positiv bewertet. Das kennen wir aus Situationen, die uns Leistungen abverlangen, welche wir bereitwillig und sogar gern tun. Mit Feuereifer erklimmen wir einen Berg, wenn wir das Bergsteigen lieben, mit hoher Motivation streichen wir das Kinderzimmer, um dem Nachwuchs eine Freude zu bereiten. Dieser Eustress ist gewollt, wird ohne innere Barrieren bewältigt und belohnt uns mit tiefer Befriedigung. Das Gegenmodell ist der Disstress. Er entsteht, wenn wir widerwillig und ohne innere Beteiligung etwas leisten müssen. Dann wird der Druck unerträglich, Körper und Seele reagieren mit Stresssymptomen wie Herzproblemen, Kopfschmerzen und Schlafstörungen.

Obwohl wir heute Individualität und Selbstverwirklichung als Errungenschaften feiern, hat der einzelne Mensch kaum noch Spielräume. Er wird getaktet – und kommt aus dem Takt. Selbst die Freizeit ist durchgeplant, so wie das Familienleben und die Beziehungen. Wer verlässt schon spontan seinen Schreibtisch, weil er Sehnsucht nach seinem Partner oder seinem Kind hat? Wer gönnt sich ein opulentes Essen am Nachmittag, statt zur Mittagszeit die Kantine aufzusuchen? Und wer kann es sich schon leisten, genau dann Urlaub zu nehmen, wenn er spürt, dass er keine Kraft mehr hat?

Wir haben uns eine künstliche Welt gebaut, die natürliche Bedürfnisse überlagert, statt sie zu befriedigen. So imposant der technische Fortschritt auch ist, so beeindruckend die Infrastruktur der Städte und die mediale Verfügbarkeit der Welt – die Stimmen häufen sich, die solche zivilisatorischen Environments als krankmachend betrachten. Wir leben gleichsam aus zweiter Hand, angewiesen auf komplizierte Hilfsmittel, ohne die wir nicht mehr die kleinsten Alltagsverrichtungen bewältigen können.

Es mag bequem sein, mit dem Bus zur Arbeit zu fahren, im Supermarkt Fertiggerichte zu kaufen und sich abends die Welt via Fernsehen und Internet ins Wohnzimmer zu holen – gesünder und glücklicher hat uns all das nicht gemacht. Vielmehr haben wir uns eine künstliche Umwelt geschaffen, die uns mehr Energie raubt als gibt. Deshalb spreche ich von »Energieräubern«. Und die sind in einem Maße präsent, dass sich viele Menschen nicht mehr dagegen wehren können.

Ich zähle nun einige Energieräuber auf und ich bin sicher, dass Sie viele alte Bekannte dabei entdecken werden.

Auf der psychischen Ebene handelt es sich generell um jene Strukturen, die unseren Rhythmus missachten: fremdbestimmte Arbeitszeiten, emotional fordernde soziale Verpflichtungen, unangemessene Arbeitsvolumina. Auf der körperlichen Ebene sind es der künstlich verschobene Schlaf-wach-Rhythmus, starr vorgegebene und qualitativ minderwertige Mahlzeiten, Bewegungsmangel, zu wenige spontane Pausen. Diese Gegebenheiten unterbinden freie energetische Flüsse.

Zu den kardinalen Faktoren, die freie Energieflüsse gefährden, gehören elektronische Geräte. Elektrosmog ist eines der gefährlichsten und am meisten unterschätzten Gesundheitsrisiken, denen wir heute ausgesetzt sind. Die Ursache ist physikalisch zweifelsfrei bestimmbar: Computer, Handys, Radios und Fernseher rauben uns Energie, weil ihre Schwingungsmuster unnatürlich sind. Anders als das Erdmagnetfeld senden sie elektromagnetische Frequenzen aus, die unserer Physis fremd sind, sie schädigen und auch unser Bewusstsein in abweichende Schwingungen versetzen.

Das Handy steht in dieser Rangfolge ganz oben. Kein anderes technisches Gerät hat unseren Lebensraum nachhaltiger erobert. Kein anderes elektrisches Gerät lassen wir derart nah an unseren Körper heran. Wir halten es uns direkt an den Kopf, anders als Computer oder Fernseher, und verschmelzen quasi mit dem Handy. Es ist gleichsam ein Teil unseres Körpers geworden, wie eine Prothese, auf die wir nicht mehr verzichten können. Und die Macht der Gewohnheit will es, dass wir kaum noch darüber nachdenken, dass die ständige Präsenz des Handys alles andere als natürlich ist.

Was aber geschieht dabei? Ein Mobiltelefon ist ein Oszillator, der ebenso wie ein Radiosender elektromagnetische Wellen aussendet. Wir sind extrem empfänglich für diese Wellen, da unser biologischer Körper weitgehend aus Wasser besteht und Wasser ein Resonanzkörper ist, der elektromagnetische Schwingungen schnell übernimmt.

Man kann exakt messen, wie die körpereigenen Schwingungsmuster von einem Mobiltelefon durcheinandergebracht werden. Vergleicht man sie mit den harmonischen Schwingungsverläufen, wie sie etwa morgens direkt nach dem Aufwachen beobachtet werden können, sieht man innerhalb von Sekunden eklatante Abweichungen. Wer mit dem Handy telefoniert, gerät ohne Verzögerung unter den Einfluss der unnatürlichen Schwingungen, gemäß dem physikalischen Gesetz, dass der stärkere Oszillator den schwächeren dominiert. Vereinfacht ausgedrückt: Die höhere Intensität der Handyfrequenzen setzt sich gegenüber unseren körpereigenen Frequenzen durch, ohne dass wir es zunächst bemerken.

Die Auswirkungen sind für Mediziner sichtbar, sei es beim EEG, der Messung der Gehirnströme, oder beim EKG, das den Herzrhythmus anzeigt. Menschen, die in einer Frustrationsphase sind, weisen in EEG und EKG disharmonische Rhythmen auf. Derartige Rhythmen ähneln den Schwingungsmustern, die unser Körper unter erhöhtem Stress aufzeigt. Körper und Seele sind hier quasi in Alarmbereitschaft. Wenn wir nun bedenken, dass nicht nur die Häufigkeit, sondern auch die Länge der Nutzung elektronischer Geräte zunimmt, können wir uns ein Bild machen von den sich steigernden Belastungen.

Die öffentlich-rechtlichen Sender ARD und ZDF haben eine Studie in Auftrag gegeben, in der die Mediennutzung der Deutschen untersucht wurde. Unter dem Titel »Massenkommunikation 2010« wurde sie vor einiger Zeit veröffentlicht. Ihr Fazit: Täglich nutzen die Deutschen unfassbare neun Stunden und 43 Minuten lang Fernsehen, Radio und Internet. Besonders die Internetnutzung steigt dieser Studie zufolge sprunghaft an. Waren es im Jahr 2005 noch 44 Minuten, in denen »gesurft« wurde, waren es 2010 bereits 83 Minuten. Und wir müssen vermuten, dass speziell Jugendliche noch ganz andere Spitzenwerte erreichen, mit bis zu acht Stunden online täglich. Seit der Erfindung des iPhone sind manche von ihnen fast rund um die Uhr in den Social Networks des Internets unterwegs.

Nun werden Sie sich fragen, warum wir uns durchaus nicht unwohlfühlen, wenn wir per Handy mit einem Freund sprechen oder im Internet surfen. Warum werden wir nicht vom Körper gewarnt? Warum spüren wir nicht, dass wir einem massiven Störfaktor ausgesetzt sind? Warum ignorieren wir die Gefahr?

Die Antwort darauf finden wir, wenn wir unser Medienverhalten in seinem gesamten Verlauf betrachten. Ausgangspunkt ist ein Mensch, der sich in zufriedener, ausgeglichener und harmonisierter Stimmung befindet. Seine Schwingungsmuster sind regelmäßig, er ist im Fluss. Sie kennen solch einen Zustand möglicherweise aus dem Urlaub, wenn Sie am Strand entlangwandern und Ihnen buchstäblich nichts fehlt. Ihr Körper und Ihr Geist schwingen auf einer natürlichen Frequenz, und Sie haben keinerlei Bedürfnis nach medialer Kommunikation.

Dann kehren Sie in den Alltag zurück, in ein Terrain, das Ihnen den medialen Konsum als unerlässlich vorgaukelt. Ein künstliches Bedürfnis wird geweckt und drängt auf Erfüllung. Deshalb spüren Sie, während Sie telefonieren, E-Mails schreiben oder den Abend zappend vor dem Fernseher verbringen, zunächst nur die Befriedigung dieses Bedürfnisses. Sie stehen ganz im Bann des medial Erlebten. Erst wenn die Geräte wieder ausgeschaltet sind, kommt der geistige, körperliche und seelische Absturz.

Wohl jeder hat schon erlebt, dass er nach einem langen Telefonat völlig erschöpft ist. Oder dass er sich leer und apathisch fühlt, wenn er nach stundenlangem TV-Konsum den Fernseher ausschaltet. Ist der Geist nicht mehr abgelenkt, melden sich Körper und Seele wieder. Sie sind kraftlos und energielos, manchmal befällt den Betreffenden auch eine unerklärliche Unruhe.

Wer Kinder hat, weiß, wie auffällig sie sich verhalten, wenn sie lange Zeit vor dem Fernseher oder vor einer elektronischen Spielkonsole verbracht haben. Manche sind kaum ansprechbar, andere reizbar oder zerstreut. Es ist, als ob sie Schwierigkeiten hätten, in die reale Welt zurückzukehren. Beim geringsten Anlass brechen sie in Tränen aus oder haben Wutanfälle. Es sind Indikatoren für unverarbeiteten, unverhältnismäßigen Stress – oder, energetisch gesprochen, für nachhaltig gestörte Schwingungsmuster, die oft erst nach Stunden wieder in die natürliche Balance kommen.

Wir müssen also nicht nur fragen, was während des elektronischen Einflusses passiert, sondern auch, was danach geschieht, wenn die Ablenkung erlischt. Dann erst wird offenbar, welche Spuren die künstlichen elektrischen Schwingungen hinterlassen haben.

Während natürliche Anstrengungen wie kindliches Herumtoben, Ausdauersport oder schöpferische Arbeit eine hohe Befriedigung nach sich ziehen und eine »wohlige Müdigkeit«, zeigt die Erschöpfung nach medialen Betätigungen alle

Anzeichen des Ausgebranntseins. Sportler oder Künstler dagegen erleben mentale und emotionale Hochphasen, nachdem sie sich verausgabt haben. Sie haben viel gegeben, und gleichzeitig erhalten sie viel zurück. Elektronikkonsumenten haben keinen solchen Energieaustausch zu verzeichnen, sondern fühlen nur, dass ihnen Kraft fehlt.

Dieser Unterschied wird viel zu wenig beachtet. Wir setzen alles gleich – Spiel ist Spiel, Arbeit ist Arbeit, denken wir. Den Faktor Elektronik halten wir dabei für eine Nebensache. Dabei ist er ein wesentlicher, ein alles entscheidender Faktor.

Das Glücksgefühl eines Malers, der sein Bild beendet hat, gibt ihm Kraft, ja, seine Arbeit verleiht ihm Energie – es ist der berühmte Flow, der ihn energetisch durchpulst. Deshalb ist er nicht ausgebrannt, sondern spürt den lebendigen Energieaustausch, empfindet Freude und tiefe Befriedigung. Jemand, der einen Tag lang Excel-Tabellen angefertigt, telefoniert, auf Websites recherchiert hat und viele Stunden elektromagnetischer Strahlung ausgesetzt war, verfällt dagegen oft in lähmende Lethargie. Und wie das Kind, das zu lange mit seinem Elektronikspiel verbracht hat, wird er sich verwirrt und verstört fühlen, ohne Impulse für das reale Leben.

Das Post-Stresssymptom äußert sich vor allem als Antriebsschwäche. Sein Wesensgrund ist Energieverlust, weil die gestörten Schwingungsmuster verhindern, dass neue, natürliche Energie in Form von kosmischer Schwingung aufgenommen werden kann. Eine Barriere hat sich aufgebaut, da die Schwingungsmuster nicht mehr kompatibel sind: Wir sprechen dann von einer Blockade.

Sie werden jetzt sicherlich verstehen, warum ich elektronische Geräte als Energieräuber bezeichne. Denn sie können nicht nur körperliche, seelische und geistige Energie absorbieren, sie hemmen vor allem unsere natürlichen Energieflüsse. Und das geschieht nicht nur rein physikalisch, sondern gleichzeitig auf der Geistes- und Bewusstseinsebene. Medial vermittelte Botschaften bedrängen uns permanent mit Themen, die unsere Seele überfrachten, weil sie meist nichts mit uns selbst zu tun haben.

Generell kann man sagen, dass wir durch die Allgegenwart elektronischer Medien auch geistig aus zweiter Hand leben. Wir lassen denken, wir lassen entertainen, wir lassen lieben, virtuell vermittelt. Der größte Teil unserer Gedanken und Emotionen wird heute artifiziell erzeugt: durch TV-Sendungen, Filme, Nachrichten, elektronische Spiele. Es ist ein Leben im »als ob«. Das erzeugt auf Dauer Irritationen und auch Frustration, weil wir verlernen, authentisch und selbstbestimmt das auszuleben, was uns im Kern betrifft. Unser Bewusstsein löst sich von unserer Individualität. Wir sind nicht mehr wir selbst. Wir leben simultan fremde Befindlichkeiten und Ideen aus, bis zur Orientierungslosigkeit.

Der moderne Mensch befindet sich daher in einem Zustand unablässiger Überforderung. Das menschliche Maß für verkraftbare Erfahrungseinheiten wird immer weiter überschritten. Wir beschäftigen uns nicht nur mit unseren eigenen Problemen, sondern auch mit Themen wie Rentendebatte und Eurokrise, mit weit entfernt ablaufenden Katastrophen und Schicksalen von Medienfiguren, die wir persönlich gar nicht kennen. Das halten wir für selbstverständlich, ja, sogar für den Beweis, dass wir interessierte, wache Zeitgenossen sind. Wer wollte schon als unwissend und ignorant abgestempelt werden?

Andererseits haben wir auf diese Ereignisse wenig Einfluss. Sicher, wir können für Flutopfer spenden, wir gehen wählen, wir machen uns Gedanken über kriegerische Konflikte, ändern aber werden wir wenig. Auf Dauer geraten wir schließlich in einen Konflikt. Denn unser ureigenster Lebensraum verschwindet unter der Flut medial vermittelter Informationen. Im Bemühen, Schritt zu halten mit den Entwicklungen, konsumieren wir immer mehr Inhalte, immer mehr Theorien, immer mehr fremde Meinungen, ohne echte Konsequenzen ziehen zu können.

Ich halte diese Tendenz für außerordentlich gefährlich. Und ich möchte Sie ermutigen, Ihre Anteilnahme an der medial konsumierten Wirklichkeit auf ein verträgliches Maß zurückzufahren. Sie können weit mehr für die kosmische Harmonie und für die Präsenz erschaffender Kräfte tun, wenn Sie mit sich selbst im Reinen sind und Ihr unmittelbares Umfeld positiv strukturieren. Dann sind Sie ein Kraftfeld, dessen Energien ausstrahlen. Dann können Sie wirken, auf jene mental-energetische Weise, die Ihnen bestimmt ist.

Reinigen Sie sich innerlich. Machen Sie sich bewusst, welche Fremdbestimmungen unerlässlich sind und welche Sie tendenziell aufheben können. Schaffen Sie sich Freiräume, in denen Sie sich entziehen und ganz bei sich sind. Treffen Sie konsequent Entscheidungen über Ihre Lebensrhythmen und besonders über Ihren Umgang mit jeder Form von elektrisch betriebenen Geräten, die sich in Ihrer unmittelbaren Umgebung befinden. Das sollte besonders für Ihren

Schlafplatz zutreffen, an dem Sie beispielsweise Radiowecker vermeiden sollten.

Grundsätzlich kann man sagen, dass jeder stromdurchflossene Leiter ein elektromagnetisches Störfeld erzeugt. Je höher die Leistung derartiger Verbraucher ist, desto höher ist ihre Störfeldstärke – das gilt natürlich nur im eingeschalteten Zustand. So sind normalerweise die Feldstärken eines TV-Geräts zum Beispiel höher als die einer kleinen Nachttischleuchte. Und wenn ich die ausschalte, so werden kaum noch Störfelder produziert. Bei einem TV-Gerät oder einem Radiowecker ist das anders; diese Geräte senden auch im »ausgeschalteten« Zustand noch Störfelder aus – sofern wir sie nicht vollständig vom Versorgungsnetz trennen. Wo immer also eine LED-Leuchte aufscheint, steht ein Gerät noch unter Strom. Und sendet somit seine Felder aus.

Sie werden sich jetzt die Frage stellen, wie Sie den elektronischen Energieräubern aus dem Weg gehen können, die Sie förmlich belagern. Eine simple Antwort darauf gibt es nicht. Denn es liegt auf der Hand, dass Sie nicht einfach fliehen können, in die Wildnis ziehen und sich dort von Beeren und Wurzeln ernähren. Die Kunst besteht darin, eine Sensibilität für Energien zu entwickeln und umgekehrt für Situationen, die uns überproportional viele Energien nehmen, ohne dass wir gleichzeitig Energie zurückgewinnen.

Das klingt nach der Quadratur des Kreises. Sich in der Zivilisation zu bewegen, ohne ihren schädlichen Einflüssen ausgesetzt zu sein, erinnert an den sprichwörtlichen Bären, der baden will, ohne sich das Fell nass zu machen. Doch es gibt durchaus Strategien, mit denen wir uns energetisch schützen können. Haben Sie Ihr Bewusstein erst einmal geschärft für das, was Ihnen Energien raubt, so wird es Ihnen leichtfallen, in bestimmten Zeitfenstern darauf zu verzichten.

Ich nenne dieses Verhalten phasenweise Technik-Askese. Wenn Sie Ihren Tagesablauf gedanklich nachverfolgen, so werden Sie mühelos herausfinden, wie Sie solche Zeitfenster öffnen. Sie könnten beispielsweise mit dem Fahrrad zur Arbeit fahren statt mit dem Auto oder dem Bus. Sie könnten Ihre Mittagspause damit verbringen, bei jedem Wetter eine halbe Stunde im Park spazieren zu gehen und Obst zu essen, statt sich in eine künstlich beleuchtete Kantine zu setzen und minderwertiges Essen zu verschlingen, während Sie sich mit Ihren Kollegen über berufliche Probleme unterhalten.

Schaffen Sie sich Inseln im Alltag, die nur Ihnen allein gehören. In denen Sie weder telefonieren noch sonstige elektronische Informationen aufnehmen. In denen Sie zur Ruhe kommen und sich selbst spüren. Solche Inseln sind Zonen der Regeneration. Ihre Schwingungsmuster harmonisieren sich, der Energieaustausch setzt wieder ein.

Machen Sie sich bewusst, dass Sie vermutlich über wesentlich mehr ungenutzte Freiräume verfügen, als auf den ersten Blick erkennbar ist. Niemand ist verpflichtet, 24 Stunden erreichbar zu sein. Niemand muss unablässig Nachrichten aufnehmen und auswerten. Natürlich entspricht solch ein Verzicht nicht gerade dem Mainstream. Aus den USA kommt das Arbeitsideal des Twentyfour-seven, ein Begriff, der behauptet, man müsse sieben Tage lang 24 Stunden leistungsfähig sein. Mit Stolz verweisen manche Workaholics darauf, dass sie es schaffen, schon mal drei Tage ohne Schlaf durchzuarbeiten. Es ist eine Perversion der Leistungsgesellschaft, die niemandem nutzt, weil der Burn-out vorprogrammiert ist.

Auch die Gestaltung der Freizeit kann unter dem Aspekt erfolgen, Elektrosmog und Schwingungsstörungen nach Möglichkeit zu vermeiden. Ist es notwendig, dass Sie Abend für Abend vor dem Fernseher oder vor dem Computer verbringen? Ebenso gut könnten Sie mindestens drei Abende in der Woche Askese üben und sich echte Entspannung gönnen. Alles geht vom Bewusstsein aus: Was brauchen Sie wirklich? Was wollen Sie wirklich?

Ein Anfangsschritt ist die Überprüfung Ihrer Wohnung. Stehen Fernseher und Computer dort, wo Sie sich entspannen wollen? Vor der Couch, vielleicht sogar im Schlafzimmer? Dann riskieren Sie physisch ununterbrochen Schwingungsveränderungen und seelisch die fortschreitende Entfremdung. Insofern sollten Sie gut überlegen, wie Sie sich auch räumlich strahlungsfreie Inseln schaffen, Zonen, in denen Sie unbehelligt bleiben.

Das hat nichts mit Weltfremdheit zu tun. Vielmehr steht es Ihnen frei, ob Sie zum Sklaven der Maschinen werden oder ihr Herr bleiben. Sicherlich haben Sie sich schon einmal darüber amüsiert, dass jemand während eines romantischen Dinners sein Handy eingeschaltet lässt und riskiert, die intime Stimmung zu zerstören. Oder Sie haben sich über jemanden gewundert, der mitten in einem intensiven Gespräch aufsteht und geht, weil er seine Lieblingssendung nicht verpassen möchte. Machen Sie eine ehrliche Bestandsaufnahme: Gibt es in Ihrem Leben Situationen, in denen Sie es einfach nicht schaffen, die richtigen Prioritäten zu setzen? In denen die digitale Welt die analoge Welt beherrscht? In denen Sie zum Opfer von Hilfsmitteln werden, die nicht mehr hilfreich, sondern nur noch überwältigend sind?

Es liegt mir fern, die Technik zu verteufeln. Handys, Fernseher und Internet sind grandiose Optionen, mit denen wir unser Leben bereichern können. Doch es gibt eine deutliche Tendenz, dass wir uns diesen Gerätschaften ausliefern. Sie werden zur zweiten Existenz. In vielen Fällen können wir von Symptomen einer Sucht sprechen. Wie jede Sucht ist auch die Abhängigkeit von der technischen Sphäre geprägt davon, dass wir immer mehr davon brauchen, bis wir emotional und geistig unselbstständig werden. Wir verlieren die Hoheit über unser Leben. Wir verändern uns. Und wir kommen uns selbst abhanden.

Ich habe Menschen erlebt, die nahezu in Panik verfielen, wenn sie kein Handynetz hatten. Sie fühlten sich abgeschnitten und ahnten nicht, dass sie sich längst von Energieflüssen abgeschnitten hatten – weil das Handy für sie eine Nabelschnur war, die sie mit einer künstlichen Welt verband. Ebenso habe ich erlebt, dass sich andere ohne ihren Laptop gleichsam amputiert fühlen. Sie sind süchtig nach dem World Wide Web, nach den Außenimpulsen, ohne die sie sich nicht lebendig empfinden.

Der Medientheoretiker Neil Postman hat in seinem Buch *Das Technopol* den Begriff der Medienökologie ins Spiel gebracht. Parallel zur Ökologie in natürlichen Kontexten hielt er es für unerlässlich, auch in technisch dominierten Umgebungen eine ökologische Balance herzustellen. Den Output elektronischer Medien betrachtete er in Analogie zur Umweltverschmutzung und plädierte für Schutzräume, in denen sich die menschliche Psyche regeneriert – so, wie sich das Meer regeneriert, wenn es für eine Weile nicht mehr verschmutzt wird.

Postmans Empfehlung war ebenso einfach wie überzeugend: Abends nach acht Uhr sah er keine Nachrichten und keine Filme mehr und weigerte sich, zu telefonieren. Und er berichtete, dass ihm nichts fehlte, wenn er darauf verzichtete. Er konnte sich dann wieder auf das fokussieren, was das Eigentliche ist: die Auseinandersetzung mit sich selbst und jenen, die einem nahestehen. Eine höchst effektive Entstressungstaktik! Bitte bedenken Sie, dass die letzten zehn Minuten vor dem Einschlafen über Ihre Schlafqualität entscheiden. Womit wir uns in den letzten Tagesminuten befassen, wirkt sich nachhaltig auf unsere Nachtruhe aus.

Werden Sie daher achtsam für Elektrosmog und mediale Überfremdung. Schon das Bewusstsein für die Gefahren führt Sie in die richtige Richtung. Meiden Sie nach Möglichkeit Bereiche mit starker Strahlung, wozu auch die Umgebung von Hochspannungsmasten, Elektrokraftwerken und Transformatorstationen gehört. Machen Sie sich bewusst, dass jeder Aufenthalt in der freien Natur und jeder freiwillige Verzicht auf elektrotechnische Geräte Ihren Körper und Ihre Seele wieder in eine natürliche Schwingung versetzen, durch die Sie kosmische Schwingung aufnehmen können.

Eine effektive Präventivmaßnahme gegen Elektrosmog sind überdies Strahlenschutzfolien. Das sind spezielle Gewebe, die Sie vor unerwünschter elektromagnetischer Strahlung schützen. Sie können solche Materialien gezielt im Schlafzimmer einsetzen, um eine ungestörte Nachtruhe zu gewährleisten. Zusätzlich sollten Sie eine Freischaltanlage installieren, mit der Sie sicherstellen, dass auch bei ausgeschalteten

Lampen und Geräten kein Strom fließt. Solche Vorrichtungen helfen Ihnen, die natürlichen Schwingungsmuster zumindest in der Nacht zu stabilisieren, was eine stark regenerative Wirkung nach sich zieht. Eine derartige Abschirmung schützt Sie jedoch bestenfalls nur gegen die äußeren Störfeldeinstrahlungen. Sofern Sie also nicht zusätzlich im Innern Ihres Hauses für eine halbwegs passable Störfeldminderung sorgen, wird Ihnen eine lokal angewandte, äußere Schutzschicht auch nicht viel nützen.

Eine andere Präventivmaßnahme ist es, so häufig wie möglich in die freie Natur zu gehen. Hier können wir uns am besten an natürliche Schwingungsmuster anschließen. Im Normalfall sind wir nämlich häufig davon abgeschirmt – beispielweise im Auto, das ja bekanntlich ein »faradyscher Käfig« ist. Sie kennen den Begriff vielleicht noch aus dem Physikunterricht: Ein faradyscher Käfig ist undurchlässig für elektromagnetischer Felder. Das ist auch der Grund, warum wir im Auto am besten vor Blitzen geschützt sind. Nichts dringt hindurch – im Hinblick auf den Energieaustausch ist das allerdings fatal. Denn sobald wir uns in ein Auto setzen, verlieren wir den Anschluss an die universale Schwingung.

Auch unsere Wohnungen tendieren immer mehr zu faradayschen Käfigen. Materialien wie Stahlbeton, die in allen neueren Gebäuden verwendet werden, schirmen die kosmische Strahlung weitgehend ab, Schwingungen also, die lebenserhaltend wichtig sind. Naturvölker kennen solche Bedingungen nicht. Ihre Hütten sind aus natürlichen Materialien gebaut, die durchlässig für Schwingung sind. In Großstädten dagegen wurde gemessen, dass die Einflüsse des Erdmagnetfelds deutlich geschwächt oder gar nicht mehr präsent sind.

In zahlreichen Studien, die unter anderem vom Bundesamt für Strahlenforschung durchgeführt wurden, konnte man nachweisen: Elektromagnetisch abgeschirmte Wohnungen haben die Nebenwirkung, dass sie die zirkadianen Rhythmen empfindlich stören. Die natürlichen Schlafmuster verschieben sich, oft leiden die Bewohner unter Schlaflosigkeit. Auch psychische Auffälligkeiten stellen sich ein, Konzentrationsschwäche beispielsweise oder Essstörungen. Die Zirbeldrüse ist aufgrund der Abschirmung vom Erdmagnetfeld sozusagen orientierungslos und kann keine naturgemäßen Rhythmen mehr vorgeben.

Ein Blockhaus am Waldesrand wäre sicherlich die beste Lösung des Problems. Doch für die meisten Menschen ist das ein Luxus, den sie sich aufgrund ihrer Lebens- und Arbeitssituation nicht leisten können. Umso dringlicher möchte ich an Sie appellieren, Ihren Tagesablauf neu zu gestalten. Planen Sie regelmäßige Waldspaziergänge oder zumindest einen Spaziergang in einem Park ein, mindestens eine Stunde am Tag. Die regenerativen Wirkungen sind gar nicht hoch genug einzuschätzen. Nicht nur das Erdmagnetfeld ist dabei prägend, sondern auch Bäume, Sträucher und Blumen, die im freien Austausch stehen und Ihre Schwingungsmuster harmonisieren.

Damit haben wir einige wichtige Ursachen geklärt, die zum Burn-out führen: Überlagerte körperliche und seelische Bedürfnisse durch fremdbestimmte Lebensrhythmen sowie die unkritische Nutzung von Elektronik. Erweitern müssen wir die Liste der Energieräuber nun um all jene Phänomene, die, umgangssprachlich formuliert, negativ schwingen, also disharmonische Schwingungsmuster aufweisen.

Wir erinnern uns: Alles ist Schwingung. Denken Sie diese Erkenntnis konsequent zu Ende, so müssen beliebige Gegenstände ihre Schwingung verändern, wenn entsprechende Einflüsse wirken. Solche Einflüsse haben ganz unterschiedliche Charakteristika: Neben den Erdfeldern und künstlich erzeugter physikalischer Schwingung kann das auch Schwingung in Form von Gefühlen und Gedanken sein. Wir alle sind in der Lage, einen beliebigen Gegenstand qua Resonanz anders schwingen zu lassen, ihn energetisch positiv oder negativ aufzuladen.

Diese Tatsache gehört zum uralten spirituellen Wissen. Die naturreligiösen Praktiken kreisen oft um heilige Gegenstände – eine Statue, ein Amulett oder eine Opferschale. Geheiligt werden sie durch Zeremonien, die diesen Dingen spezielle Eigenschaften verleihen, sodass sie heilen, schützen oder die Fruchtbarkeit steigern können. Für unsere Vorfahren waren solche Heiligungsrituale selbstverständlich. Sie wussten, dass sich Schwingung, Energie, Emotion und Idee übertragen ließen, und verwendeten höchste Sorgfalt auf diese Riten.

In der christlichen Religion haben sich solche Bräuche erhalten, vom Weihwasser bis zum Reliquienkult. An der Aura dieser heiligen Dinge zu partizipieren wurde nie als Aberglaube betrachtet, sondern als Manifestation göttlicher Energie. Ohne die physikalischen Ursachen zu kennen, bedienten sich Menschen von jeher dieser Wirkungsweise. Sie machten Gegenstände zu energetischen Medien.

Jeder Quantenphysiker hätte ihnen recht gegeben. Denn es waren Experimente auf der subatomaren Ebene, die die

Forscher zu der Erkenntnis kommen ließen, dass der Wille des Experimentierenden das Ergebnis entscheidend steuert. Der Physiker Erwin Schrödinger gehörte zu den ersten Wissenschaftlern, die diese erstaunliche Beobachtung machten. Die Schlussfolgerung lautete, in die Alltagssprache übersetzt: Der Wille und die Vorstellung erschaffen das Resultat. Ist ein Physiker fest entschlossen, einen destabilen Prozess in eine bestimmte Richtung zu lenken, so wird das Ergebnis genau seinem Wunsch entsprechen.

Wer sich für die Details interessiert, kann mehr darüber in meinem Buch *Gedanken erschaffen Realität* nachlesen. Hier sei nur so viel gesagt: Was wir gedanklich mit Emotionen belegen, teilt sich durch die entsprechende Schwingungsübertragung einem stofflichen Gegenstand mit: Er ändert sein Schwingungsmuster. Dadurch kann dieser stoffliche Gegenstand wiederum selbst die Schwingungsmuster eines Menschen beeinflussen. Insofern wird erklärlich, warum ein heiliges Amulett seinen Träger tatsächlich schützt, warum eine als unfruchtbar geltende Frau durch das Trinken aus einer heiligen Quelle schwanger wird und warum eine rituell geheiligte Speise einen Kranken heilt.

So ist nicht verwunderlich, dass wir zu bestimmten wichtigen Anlässen auch immer dasselbe Kleidungsstück tragen. In der christlichen Religion erkennen wir das Prinzip, wenn der Klerus bestimmte rituelle Gewänder zu hohen Feiertagen anlegt. Dieser Brauch weist in unsere Stammesgeschichte zurück, in der Ritualienmeister immer besondere Gewänder anlegten, um eine Zeremonie durchzuführen. Ob es sich um einen Ornat handelt oder um einen Federschmuck, immer ist darin eine spezifische Energie gespeichert wie in einem Akkumulator. Und daher rührt auch die Abwehr, einen fremden Ring zu tragen, da Edelsteine besonders starke Energieträger sind.

Das Wissen um diese Wirkung hat sich bis heute erhalten. Noch immer tragen viele Menschen einen Talisman bei sich, der sie im Alltag begleitet. Ihn mit sich zu führen, ihn vor bestimmten Tätigkeiten zu berühren, ist ein Ritual, das ihnen Sicherheit und Stärke verleiht. Die Voraussetzung ist, dass diesem Talisman durch die Macht der Gedanken oder durch positive Erlebnisse bestimmte Schwingungen gegeben wurden, die zurückwirken auf seinen Träger. Dann wird er auch in heiklen und schwächenden Situationen Energie von ihm empfangen.

Beispiele gibt es viele. Da ist der Fußballer, der ein bestimmtes Trikot trägt, weil es ihm weiterhin Glück bringt, nachdem er einmal in diesem Trikot das spielbestimmende Tor geschossen hat – es haftet die Energie des Sieges daran. Da ist der Geiger, der nur noch auf jener Violine spielt, mit der er seinen künstlerischen Durchbruch hatte. Oder der Koch, der auf bestimmte Messer schwört und nur sie benutzt, weil er damit seine erfolgreichsten Gerichte zubereitet hat. Ohne es sich immer bewusst zu machen, nutzen sie die positive Ladung dieser Gegenstände.

Leider funktionieren solche Übertragungen auch im negativen Sinne. Dann haben wir es mit massiven Energieräubern zu tun. Ein negativ abweichend schwingender Gegenstand beeinflusst unser Energiefeld ähnlich wie die unnatürlichen Frequenzen eines elektronischen Geräts. Im Schmuckstück, das ein untreuer Ehemann seiner Frau schenkt, schwingt der Verrat mit, die Gefühle der Schuld und der Unaufrichtigkeit. Der hübsche Füllfederhalter, den Ihr ärgster Feind Ihnen überreichte, wird Sie niemals zu guten Ideen motivieren.

Das halten Sie für übertrieben? Hand aufs Herz: Würden Sie mit einem Messer, das als Mordwaffe diente, Ihr Frühstücksbrötchen aufschneiden? Würden Sie sich in das Bett legen, in dem soeben ein naher Verwandter seinen Todeskampf erlebte? Wohl eher nicht. Intuitiv würden Sie diese Dinge meiden, denn Ihr Instinkt weiß genau, dass eine geradezu unheimliche Ausstrahlung von dem Messer und dem Bett ausgeht.

Falls Sie zuweilen die Neuigkeiten aus der Klatschpresse verfolgen, wird Ihnen nicht entgangen sein, welches Befremden die Verlobung des britischen Prinzen William mit Catherine Middleton auslöste. Denn er besiegelte die Verbindung nicht mit irgendeinem Ring, sondern mit dem Ring seiner Mutter, Prinzessin Diana. Was auf den unbedarften Betrachter als rührende Anhänglichkeit an die Mutter wirkt, war für energetisch bewusste Beobachter ein Sakrileg. Denn der Ring trägt in sich die negative Energie einer unglücklichen Ehe, die schließlich in eine Katastrophe mündete, den frühen Tod Dianas.

Ein Bekannter erzählte mir einmal von einem Erlebnis, das ihm die Augen öffnete für die Macht negativ aufgeladener Objekte. Er hatte von einem Freund einen sehr schönen und zweckmäßigen Motorradanzug aus Leder gekauft. Mein Bekannter war ein erfahrener Fahrer, der bis zu diesem Zeitpunkt unfallfrei geblieben war. Allerdings wusste er, dass sein Freund einen schweren Unfall hinter sich hatte und nach einem mehrwöchigen Krankenhausaufenthalt beschlossen hatte, nie wieder Motorrad zu fahren. Daher verkaufte er schweren Herzens sein Motorrad und auch den Anzug.

Wenige Tage, nachdem mein Bekannter den Anzug erstanden hatte, verunglückte er, zum ersten Mal in seinem Leben. Auf völlig trockener Straße verlor er die Gewalt über sein Fahrzeug und raste gegen einen Baum. Der erste Gedanke, der ihn durchzuckte, war: Es lag an dem Anzug. Heute weiß er, dass die Schwingungsveränderung durch den Unfall seines Bekannten die Ledermontur negativ codiert hatte. Damals führte er seinen Unfall darauf zurück, dass schon der Gedanke an ein mögliches Unglück seine Fahrweise verändert hatte.

Beides ist richtig. Zum einen haftete der erste Unfall als Schwingungsstörung an dem Anzug, zum anderen war die Möglichkeit eines Unfalls mit dem Tragen des Anzugs verbunden – und führte zu einem neuerlichen Unfall. Mein Bekannter zögerte nicht: Auf der Stelle wollte er den Anzug wieder loswerden, obwohl er noch ziemlich viel Geld dafür bezahlt hatte. Er dachte kurz darüber nach, ihn weiterzuverkaufen. Dann aber entschied er sich, ihn wegzuwerfen. Sein Verantwortungsgefühl sagte ihm, dass er auch dem nächsten Käufer Risiken bringen würde. Ich konnte ihn zu diesem Verhalten nur beglückwünschen.

Die Ereignisse, die einen Gegenstand energetisch verändern, müssen nicht immer derart dramatisch sein. Schon kleinste Irritationen genügen. Eine Freundin kaufte jahrelang Secondhandkleidung. Sie empfand das als eine ebenso clevere wie budgetschonende Maßnahme: Sie sparte Geld und war immer gut angezogen. Doch manchmal spürte sie, dass etwas nicht stimmte. Eine rätselhafte Wirkung ging besonders von einem Designermantel aus, den sie sehr mochte. Doch jedes Mal, wenn sie ihn trug, war ihr unwohl.

Schließlich ging sie in die Secondhandboutique, dessen Kundin sie war, und erkundigte sich nach der Vorbesitzerin des Mantels. Die Inhaberin des Ladens reagierte sichtlich reserviert und weigerte sich im Namen der Diskretion, nähere Angaben zu machen. Erst als meine Freundin insistierte, erfuhr sie die Geschichte des Mantels. Er hatte einer Frau gehört, die durch falsche Berater ihr gesamtes Vermögen verloren hatte und sich gezwungen sah, ihre teure Garderobe zu veräußern. »Wie viele Tränen, wie viel Verzweiflung hingen an dem Mantel!«, sagte meine Freundin, als sie mir davon erzählte. Sie hat das Kleidungsstück nie wieder getragen.

Gehen Sie einmal durch Ihre Wohnung und befragen Sie alle Gegenstände, die sich darin befinden, welche Gefühle sie in Ihnen auslösen. Sie werden staunen, welche Geschichten dabei erzählt werden. Haben sich auf Ihrer Couch bewegende Trennungsszenen abgespielt? Stammt die Vase auf Ihrem Tisch von einer Tante, die Sie als Kind wegen ihrer Bösartigkeit fürchteten? Erinnert Sie die kleine Skulptur an einen Urlaub voller Streit und Zerwürfnisse?

Wohl jeder besitzt Dinge, die ungute Assoziationen wecken. Ich sage Ihnen ganz deutlich: Es handelt sich um Energieräuber. Denn sie schwingen negativ und lösen durch negative Erinnerungen neuerliche Schwingungsveränderungen in Ihnen aus. Soweit es Ihnen finanziell möglich ist, sollten Sie sich von allem trennen, was Sie auf diese Weise schwächt. Ich weiß, dass das in der Realität nicht immer einfach umsetzbar ist. Denn unter Umständen ist ein Großteil Ihres Hausrats davon betroffen. Doch ich versichere Ihnen, dass Sie eine positive Veränderung feststellen, wenn Sie diese Gegenstände entfernen.

Ich denke oft an eine Frau, die mir erzählte: »Erst als ich mir ein neues Bett kaufte, verschwanden die Schatten meiner unglücklichen Ehe – und ich war innerlich frei für eine neue Beziehung.« Bis zu diesem Zeitpunkt war sie völlig im Bann der negativen Beziehung gewesen, unfähig, sich mental davon zu befreien. Und da sie sich ausgerechnet nachts, in der energetischen Regenerationsphase, störenden Schwingungsmustern aussetzte, war sie nachhaltig geschwächt gewesen.

Machen Sie sich mit der Vorstellung vertraut, dass Sie eine energetisch reine Umgebung brauchen, um Ihre Schwingung zu normalisieren. Sonst werden Sie immer gehemmt und blockiert bleiben, gefangen in Schwingungsstörungen und Gedanken, die Sie an negative Menschen, Emotionen oder Erlebnisse ketten.

Auch schadhafte Gegenstände entziehen Ihnen Energie. Sie erinnern Sie permanent an Unerledigtes: die defekte Lampe, die Sie immer reparieren wollten, der zerbrochene Bilderrahmen, den Sie leimen wollten und es nie getan haben. Entscheiden Sie sich: Entweder bringen Sie die Sache in Ordnung oder Sie trennen sich besser davon. Jeder Gegenstand »spricht« zu Ihnen. Jeder Gegenstand hat potenziell die Macht, Sie zu irritieren und Ihre Schwingung zu verändern. Es ist Ausdruck der Tatsache, dass alles Schwingung ist und dass Sie daher auf Bedingungen angewiesen sind, die harmonische Schwingungen zulassen.

Unterziehen Sie alles, was Ihr Leben begleitet, einer schonungslosen Revision. Freuen Sie sich an neuen Möbeln, neuer Kleidung, neuen Bildern, die Sie mit positiver Energie aufladen. Im spirituellen Bereich würden wir dabei von Segnung sprechen. Sie können Ihr Auto segnen, Ihr Bett, Ihren Laptop. Wie gesagt: Alles ist Schwingung, und allem können Sie positive Energie verleihen.

Das betrifft in besonderem Maße auch Ihre Nahrung. Ein Essen, von liebender Hand gekocht, ist unendlich wertvoller als ein Fertiggericht. Haben Sie nicht auch den Eindruck, dass ein selbst gebackener Kuchen immer anders, immer besser schmeckt als einer aus dem Bäckerladen? Und lieben Kinder nicht das Schulbrot, das die Mutter ihnen mitgibt, viel mehr als das gekaufte Sandwich?

Solche Erfahrungen sind völlig authentisch. Denn Sie wissen nicht, ob die Angestellten in der Großbäckerei unglücklich oder glücklich sind, ob sie ihre Arbeit widerwillig oder mit Freude verrichten. Sehr wahrscheinlich ist, dass fertig gekaufte Mahlzeiten ohne Liebe, ohne Hingabe hergestellt wurden – ihnen fehlt das Moment der positiven Energieübertragung, die energetische Heiligung durch positive Gefühle und Gedanken.

Auch bei diesem Punkt ist mir bewusst, dass die moderne Lebensweise es nicht immer erlaubt, in aller Konsequenz auf selbst gekochtem Essen zu bestehen. Doch sobald Sie Ihr Bewusstsein ändern, werden Sie einen Apfel dem industriell hergestellten Apfelkuchen vorziehen. Sie werden zu schätzen lernen, dass Sie in jedem Moment Ihres Lebens die Chance haben, sich an positive Energieflüsse anzuschließen. Das erfordert Achtsamkeit, oft auch Mühe. Doch ich bin überzeugt, dass die positiven Folgen den Aufwand wert sind. Grundsätzlich gilt: Je mehr Emotionen ich in meine Vorstellung und in meinen Wunsch hineinlege, umso deutlicher wird die Wirkung ausfallen.

Befreien Sie sich von Energieräubern. Das ist die effektivste Art und Weise, einem Burn-out vorzubeugen oder einem bestehenden Burn-out entgegenzuwirken. Gewinnen Sie die Hoheit über Ihr Leben zurück, auch wenn Sie zunächst denken, dass Ihre Handlungsspielräume gering sind. Entdecken Sie die Kraft fließender, unblockierter Energie, dann können Sie wahrhaft Berge versetzen.

Lassen wir die wichtigsten Gedanken dieses Kapitels noch einmal Revue passieren.

Checkliste – Fehlende Energie

- Gerade in unserer hoch entwickelten Gesellschaft leiden immer mehr Menschen unter eklatanten Energiedefiziten, bis hin zum Burn-out. Sie fühlen sich seelisch und körperlich ausgebrannt.
- Zu den Hauptursachen gehören missachtete Grundbedürfnisse durch fremdbestimmte Lebensrhythmen, Überforderung, Zeitmangel, Stress.
- Ein elementarer Faktor für Energieverluste ist ein exzessiver Gebrauch elektronischer Medien, da sie unnatürliche Frequenzen aussenden und die natürlichen Schwingungsmuster überlagern sowie dauerhaft verändern.
- Neben den unmittelbaren Auswirkungen in Form von Elektrosmog werden auch das Bewusstsein, die Seele und die Emotionen durch elektronische Geräte in eine abweichende Schwingung versetzt. Überforderung, Hilflosigkeit und Überfremdung des Individuums sind die Folge.

- Sie können gegensteuern, indem Sie phasenweise Technik-Askese üben und sich Zeitfenster schaffen, in denen Sie durch Vermeidung künstlicher Einflüsse wieder in harmonische Schwingungsverläufe zurückfinden. Diese energetische Regeneration ist umso dringlicher, je mehr Sie beruflich mit elektronischen Geräten arbeiten müssen.
- Schulen Sie Ihre Wahrnehmung für Energieräuber jeder Art. Beobachten Sie sich selbst und überprüfen Sie die energetischen Auswirkungen aller Gegenstände, mit denen Sie täglich zu tun haben. Überall dort, wo negative Felder wirken, sollten Sie die betreffenden Dinge möglichst entfernen.
- Reinigen Sie sich innerlich und äußerlich. Suchen Sie in der Natur den Anschluss an harmonische Schwingung und an die kosmischen Energiequellen. Konzentrieren Sie sich dabei auf Ihr eigenes, starkes Schwingungsfeld und suchen Sie immer wieder Situationen, bei denen Sie ganz bei sich sind, statt sich an fremde Ideen, Gedanken und Gefühle zu verlieren.

2. Energieritual
Im Transferraum der Energie

1. Schaffen Sie sich eine Ruhezone, in der Sie weitestgehend abgeschirmt sind von negativen, schwingungsverändernden Einflüssen, insbesondere von elektronischen Geräten. Entfernen Sie auch alle Dinge, die Ihre Gedanken in eine negative Richtung lenken.
2. Wählen Sie einen Gegenstand aus, den Sie mögen oder der Sie an ein positives Erlebnis erinnert. Das kann ein Schmuckstück, eine kleine Statuette, aber auch ein einfaches Feuerzeug sein. Wichtig ist, dass dieser Gegenstand so klein ist, dass Sie ihn später problemlos immer bei sich haben können.
3. Nehmen Sie eine lockere und entspannte Sitzhaltung ein. Schließen Sie die Augen und spüren Sie in den großen, universalen Energiefluss hinein.
4. Visualisieren Sie die kosmische Schwingung, die unendlich und unerschöpflich ist. Allmählich übernehmen Ihre eigenen Schwingungen die kosmische Frequenz.
5. Halten Sie das Gefühl, dass Sie angeschlossen sind. Spüren Sie den Energieaustausch. Sie sind nun durchflossen von Energie, Ihre Schwingung entspricht der universalen Schwingung, große Kräfte durchströmen Sie.
6. Nun öffnen Sie die Augen und umfassen bewusst den von Ihnen ausgewählten Gegenstand. Konzentrieren Sie sich völlig darauf.

7 Kommunizieren Sie energetisch mit dem Gegenstand, indem Sie ihn in den großen Energiefluss einbeziehen. So laden Sie ihn positiv auf, während er durchlässig bleibt.
8 Es könnte sein, dass sich der Gegenstand in Ihrer Hand erwärmt. Das liegt daran, dass Sie seine Schwingung verändert haben. Manche fühlen auch ein Kribbeln auf der Haut oder sogar eine leichte Vibration.
9 Halten Sie den Gegenstand an Ihre Herzgegend. Machen Sie ihn zum Medium Ihrer Schwingung, zu einem Gegenüber, das mit Ihnen schwingt. Schließen Sie das Ritual ab, indem Sie den Gegenstand in die Hosentasche stecken oder an einer anderen Stelle Ihrer Kleidung befestigen.
10 Berühren Sie den Gegenstand immer wieder, wenn Sie sich im Alltagsgeschehen befinden. Machen Sie ihn zu Ihrem Begleiter, der Ihnen jederzeit einen Energietransfer ermöglicht.
11 Wiederholen Sie dieses Ritual regelmäßig. Machen Sie sich bewusst, dass Heiligung und Heilwerden untrennbar miteinander verbunden sind und dass der energetisch geheiligte Gegenstand Sie von nun an beschützt.
12 Halten Sie den Gegenstand energetisch rein, indem Sie ihn niemandem zeigen und keinen anderen Energien aussetzen.

3. FLIESSENDE ENERGIE – Das Auflösen von Blockaden ist der erste Schritt

Fließende Energie ist der Glückszustand schlechthin. Wer jemals die Erfahrung gemacht hat, dass er förmlich durchströmt wird von positiver Energie, weiß, wovon ich spreche. Er fühlt sich leicht und frei. Sein Geist ist verbunden mit allem Seienden, sein Körper befindet sich nahezu in einem Schwebezustand. Doch das ist heute nicht die Regel, sondern eher die Ausnahme. Was können wir also tun, um diesen glückseligen Zustand zu erreichen?

Wir alle kennen das angenehme Gefühl, am Ufer eines Flusses zu sitzen und der Bewegung des Wassers zuzusehen. Das Spiel der Wellen und Wirbel, die unbändige Kraft der fließenden Bewegung, all das übt eine gleichermaßen beruhigende wie anregende Wirkung auf uns aus. Ähnlich ergeht es uns am Meer. Der ewige Wechsel von heranrollendem und sich zurückziehendem Wasser fasziniert uns, weil wir die nie versiegende Energie spüren, die darin gegenwärtig ist.

So ist es kein Wunder, dass von den ältesten Überlieferungen bis hin zur romantischen Lyrik das Motiv der kraftspendenden Quelle eine zentrale Rolle spielt. Quellen galten von jeher als heilig. Ihr Wasser war oft nur durch anstrengende

Wanderungen zugänglich, und es wurde nach Hause getragen wie ein kostbares Elixier. Wundertätige Quellen sind auf der ganzen Erde bekannt. Bis heute kennen wir Kuranwendungen mit Wasser, als Trinkkur oder Badekur.

Der Mythos erzählt die Sage vom Jungbrunnen, in den man taucht, um alle Spuren von Alter und Gebrechen zu beseitigen. Nicht von ungefähr haben die meisten von uns das Bedürfnis, ins Meer oder in einen reinen Bach einzutauchen und eins zu werden mit dem Wasser. Wir empfinden uns als gereinigt und energetisiert, wenn wir danach dem Wasser entsteigen, und zwar geistig und körperlich.

Die christliche Religion wählte entsprechend die Wassertaufe als Sinnbild einer spirituellen Transformation. Ursprünglich fand die Taufe buchstäblich durch das Eintauchen des ganzen Körpers statt, die Baptisten praktizieren noch immer dieses Ritual. Es ist gleichbedeutend mit einer Heiligung und verspricht Schutz und Zugehörigkeit zu einer höheren Daseinsform. Die Praxis, sich mit Weihwasser zu besprengen, ergänzt das Taufritual und erneuert die Heiligung. Auch im Christentum spielen wundertätige Quellen eine Rolle, etwa Wallfahrten zur berühmten Quelle im südfranzösischen Lourdes, wo immer wieder von Wunderheilungen berichtet wird. Das Heilige und das Heilende gehen hier eine energetisierende Symbiose ein.

Viele andere Religionen haben ebenfalls ihre Wasserzeremonien. Hinduisten baden einmal im Leben im Ganges, ein Ritual, durch das sie Energien aus dem heiligen Strom aufnehmen. Seit mehr als 2500 Jahren pilgern sie in die nordindische Stadt Varanasi, auch Benares genannt, die dem Gott Shiva gewidmet ist. Dort tauchen sie in den Fluss, wo auch die Leichen von Verstorbenen verbrannt werden. Das Bad im Ganges hat die Funktion, sich von Sünden zu reinigen. In Benares zu sterben und verbrannt zu werden, schützt dem hinduistischen Glauben nach vor einer unerwünschten Wiedergeburt.

Das hinduistische Puja-Ritual wird täglich praktiziert. Die Gläubigen erweisen dabei einer Statue die Ehre, die das Göttliche symbolisiert. In genau festgelegten, aufeinanderfolgenden Schritten wird das Göttliche um seine Manifestation in der Statue gebeten, Gästen bietet man Wasser zum Reinigen der Füße und des Mundes an, dann wird die Statue gebadet oder mit Wasser benetzt, bevor weitere Ritualhandlungen folgen.

Fließendes Wasser war also immer schon ein Symbol für heilende und schützende Energie. Stehendes Wasser dagegen versumpft und fault. Ohne frischen Zufluss kann ein Gewässer keinen Lebensraum bieten. Den Fischen und Pflanzen fehlt der Sauerstoff, und so sterben sie unweigerlich. Die Natur hält daher ein sinnfälliges Bild für die Bedingungen von Energieflüssen bereit, das jeder Mensch intuitiv versteht.

Mehr noch: Wir brauchen solche Bilder. Unser Bewusstsein entwickelt sich nicht im luftleeren Raum. Es ist ein Gewebe von Erfahrungen und Bewertungen, die unsere Befindlichkeit wesentlich steuern. Das, worauf wir unsere Aufmerksamkeit richten, hat einen entscheidenden Einfluss darauf, wer wir sind und wie wir unsere Stellung im großen Ganzen verorten. Insofern haben die alten Mythen ihren eigenen Sinn: Das fließende Wasser und die Kraft der frischen Quelle lenken unser Bewusstsein in die transformierende Richtung.

Diese Transformation steht in innerem Zusammenhang mit dem Auflösen von Blockaden. Im Körperlichen können wir uns das leicht vergegenwärtigen, wenn wir erleben, wie sich Muskelverspannungen in einem warmen Bad lösen. Wir bewegen uns anschließend wieder schmerzfrei und leicht, und das, was uns blockiert hat, ist wie verschwunden. Möglich wird das durch die Wechselwirkung von Seele und Körper – umflossen zu sein von der Wärme und der schwerelosen Leichtigkeit des Wassers ist nie nur ein materieller Vorgang, da wir ja substanziell aus Energie bestehen. Auflösen, lockern, befreien, das sind Prozesse, die ganzheitlich ablaufen.

Es gibt deshalb eine ganz einfache Methode, um uns von schädlichen Energien zu reinigen, auch dann, wenn wir weder am Meer noch an einem fließenden Gewässer wohnen: zu duschen. Duschen Sie, um die negativen Energien des Tages zu beseitigen. Duschen Sie, wann immer Sie sich in Ihren privaten Bereich zurückziehen. Tun Sie es vor allem nach Reisen, bei denen Sie mit unterschiedlichsten energetischen Systemen in Kontakt gekommen sind.

Eine andere, noch einfachere Methode ist das Händewaschen mit fließendem Wasser. Keine Sorge, ich möchte Ihnen keinen Waschzwang verordnen. Hier haben wir es mit einem uralten Reinigungsritual zu tun, das in allen Kulturen anzutreffen ist. »Ich wasche meine Hände in Unschuld«, sagt Herodes im Neuen Testament, nachdem er Jesus den Hohepriestern und ihrer Gerichtsbarkeit überlassen hat. Die Hände haben von jeher eine große energetische Bedeutung, da sie gewissermaßen die Kontaktfläche zur Welt sind. Daher sollten Sie darauf achten, Ihre Hände zu reinigen, wenn sie durch Händeschütteln oder das Berühren von Dingen wie

Treppengeländern oder Türklinken in Kontakt mit fremden Energiefeldern geraten sind.

So simpel das alles auf den ersten Blick wirken mag, so effektiv ist diese Anwendung. Um es zu verstehen, möchte ich auf die Aura zu sprechen kommen. Das Wort Aura wird in vielerlei Bedeutungsfärbungen verwendet. Hier werde ich es im energetischen Sinne einführen: als individuelles Energiefeld. Jeder Mensch baut es täglich neu auf. Es ist das Produkt aus Erdmagnetfeldstrahlung, Bewusstsein und anderen energetischen Einflüssen, denen wir ausgesetzt sind. Oft verwenden wir im Alltag die Redewendung, jemand habe eine negative Aura, oder die eigene Aura sei beschädigt. Darin zeigt sich bereits, dass wir uns unserer unsichtbaren Ausstrahlung und der anderer Menschen durchaus bewusst sind. Wir fühlen, dass wir energetische Medien sind. Und wir fühlen auch, dass wir verwundbar sein könnten.

Eine intakte Aura zu erkennen fällt uns relativ leicht. Bei kleinen Kindern beispielsweise ist sie am häufigsten rein und hell. Kein negativer Gedanke verdunkelt sie, keine Berechnung, kein Schatten. Daher wird sie auch als Unschuld beschrieben. Ähnlich verhält es sich mit Tieren. So mancher meint, dass sein Hund allen Menschen seines Umfelds an seelischer Reinheit und Aufrichtigkeit überlegen sei. Viele Heiler arbeiten deshalb mit Tieren, vorzugsweise mit Hunden. Sie haben die Fähigkeit, negative Schwingungen zu transformieren, und spielen bei der Gesundung eine große Rolle.

Kleinkinder haben meist noch natürliche Schwingungsmuster. Das ist vermutlich der Grund, warum sie intuitiv die Gesellschaft anderer Kinder suchen und sie der Gegenwart von Erwachsenen vorziehen: Sie suchen die Gleichartigkeit der Aura, die archetypische Resonanz. Die Schutzfunktion der kindlichen Aura ist weit intensiver als die von Erwachsenen. Es liegt daran, dass kleine Kinder wesentlich stärker durch Empfindung und Intuition gepulst werden und daher unmittelbar mit der universalen Schwingung kommunizieren.

Viele spirituellen Lehren gehen davon aus, dass Kinder bis zum Eintritt in die Pubertät einen recht starken Schutz durch ihr eigenes Energiefeld genießen. Danach wird es allmählich schwächer, fremde Einflüsse kommen hinzu, Konventionen, Gedanken und Zwänge. Nur wenn das Bewusstsein auf einer höheren Stufe steht, kann es die nachlassende Schutzbarriere Schritt für Schritt ersetzen – vorausgesetzt, das Bewusstsein hat sich bis dahin energetisch entwickelt.

Erwachsene sind somit am schlechtesten geschützt und müssen umso mehr darauf achten, was mit ihnen energetisch geschieht. Neben den Hinweisen zur Vermeidung von technisch und gedanklich bedingten Schwingungsstörungen möchte ich Sie deshalb auf eine weitere Ursache des modernen Burn-outs hinweisen: die Unfähigkeit zu energetisch schwingender Kommunikation.

Wir nähern uns hier einem essenziellen Punkt, der kaum thematisiert wird: den Energieräubern in menschlicher Gestalt. Sie sind immer schon da, wenn wir sie am wenigsten erwarten. Sie verunsichern uns und lösen Rückzugsreflexe aus, durch die wir uns gefährlich verschließen. Und sie sind verantwortlich dafür, dass sich viele von uns vollkommen ahnungslos schädlichen Einflüssen ausliefern. Wie kann es dazu kommen?

Schauen wir zunächst zurück in unsere Stammesgeschichte, als der Mensch in Horden und Sippen lebte, die sein Überleben sicherten. Es waren frühe Solidargemeinschaften, in denen Nahrungsbeschaffung, Verteidigung und die Hege des Nachwuchses zu den wichtigsten Aufgaben gehörten. Die Gruppe gab dem Einzelnen Schutz und Sicherheit. Vertrauen und Verlässlichkeit waren die Basis der funktionierenden Gemeinschaft.

Tauchte ein Fremder auf, so geriet die Horde in Alarmbereitschaft. Die wichtigste Frage lautete: Handelt es sich um einen Freund oder einen Feind? Zu den selbstverständlichen Fähigkeiten des Frühmenschen gehörte es, intuitiv, oft innerhalb von Sekunden, darüber zu entscheiden, ob ein unbekannter Vertreter der eigenen Spezies neutral, nützlich oder schädlich war. Diese Fähigkeit wurde immer weiter verfeinert und, wie wir heute wissen, sogar genetisch vererbt. Energetisch gesprochen, gehört sie zu dem Erfahrungsschatz, der in der Akahsa-Chronik verzeichnet ist und den prinzipiell jeder abrufen kann.

Alle Sinne waren ursprünglich am sozialen Scanning beteiligt: das Auge, der Tastsinn, der Geruchssinn, das Gehör. Interessanterweise spielte der Geruchssinn dabei eine Hauptrolle. Wir thematisieren ihn noch heute, wenn wir sagen, dass wir einen Menschen »nicht riechen können«. Hinzu kam das, was wir ebenfalls bis heute als instinktive Einschätzung eines Gegenübers kennen. Die ersten zwei Sekunden entscheiden über Sympathie und Antipathie, ohne dass wir rational begründen können, warum uns jemand sympathisch oder unsympathisch ist. Blitzschnell sind wir uns sicher: Dieser ist ein Freund, jener ist neutral, ein dritter ist zweifelsfrei ein Feind.

Neurologisch kann man solche Entscheidungsprozesse mittlerweile gut nachweisen, anhand der veränderten Gehirnströme, die auf dem Monitor fast bizarr aussehen. Genauso verändern sich die Herzrhythmen und weisen plötzlich gezackte Linien auf – ein Zeichen für Stress aufgrund von Disharmonie. Wenn mir eine Person sympathisch oder unsympathisch ist, dann korrespondiert dieser Impuls sofort mit einer entsprechenden harmonischen respektive disharmonischen Frequenz von Gehirntätigkeit und Herzaktivität. Offensichtlich findet das auf der subtilen Ebene des Unbewussten statt, und es entscheidet sich schon von vornherein, also nicht über das Bewusstsein, ob ich jemanden sympathisch finde oder nicht.

Unsere Vorfahren fackelten nicht lange. War das Urteil gefällt, folgte ein eindeutiger Verhaltensmodus: Akzeptanz, Desinteresse oder Abwehr. Heute stellt sich die Situation wesentlich komplizierter dar. Die sozialen Rollen, die wir annehmen, erlauben es uns nicht immer, unserer Intuition zu folgen – sofern wir sie überhaupt wahrnehmen. Wir lächeln, obwohl wir uns am liebsten zurückziehen würden. Wir üben uns im Small Talk, obwohl wir eigentlich desinteressiert sind. Und wir können auch nicht immer der spontanen Sympathie folgen, weil der Verhaltenskodex möglicherweise Distanz vorschreibt.

Auf diese Weise haben Sympathie und Antipathie ihren funktionalen Aspekt als Schutzmechanismen eingebüßt. Wenn wir berücksichtigen, dass alles Energie ist, müssten wir stattdessen die positiven, die neutralen und die negativen Energien, die von einem Gegenüber ausgehen, zu Kriterien unseres Verhaltens machen. Aber wer würde schon den neuen Chef meiden, weil er schlechte Energien ausstrahlt? Wer würde schon spontan die Kassiererin im Supermarkt zu einem Kaffee einladen, weil sie das an sich hat, was man als »positive Ausstrahlung« bezeichnet?

Wir sind in einem komplexen interaktiven Netz gefangen, das uns Beziehungen diktiert, statt dass wir sie uns frei aussuchen könnten. Im Hinblick auf unseren Energiehaushalt ist es deshalb wichtig, sich klarzumachen, dass uns natürlicherweise etwas anderes bestimmt ist: eine unbewusste Schutzhaltung, die uns schlechte Energien meiden und gute suchen lässt.

Im Idealfall liegt in Beziehungen eine archetypische Resonanz vor. Sie ist beschreibbar als eine Schwingungskongruenz, die wir unmittelbar wahrnehmen. Was kommunikativ folgt, ist ein Energieaustausch, in dem zuweilen sogar Kongenialität aufscheint. Mit einem gängigen Wort nennen wir sie Synergie. Alle Aktivitäten beruhen dann auf freien Energieflüssen, oft sind große kreative Leistungen möglich – ein »Dreamteam« entsteht.

Synergie ist mehr als die Summe zweier Energiesysteme. Es ist der gemeinsame Anschluss ans große Ganze, an die gesamte Energie des Universums. Dennoch ist uns oft gar nicht bewusst, was eigentlich den Zauber idealer Paarungen ausmacht. Aber das Unterbewusstsein ist klüger als der Verstand. Eine eigenartige Anziehungskraft geht von dem Menschen aus, der in uns die archetypische Resonanz auslöst und unsere Schwingungen harmonisiert. Der Indikator der Synergie wird in einer sehr tiefen Schicht unseres Ichs aktiviert, durch einen nicht primär wahrnehmbaren Sensor, den wir aufgrund unserer Genetik und der Allgegenwart energetischer Urerfahrungen besitzen.

In meinem Buch *Der Glückscode* habe ich ein besonders

schönes Beispiel dafür erwähnt, das der Schlafforschung entstammt. Ich skizziere es kurz, um den Begriff der archetypischen Resonanz zu präzisieren. Bei einem bestimmten Experiment ließ man Paare in verschiedenen Räumen schlafen. Es waren glückliche und weniger glückliche Paare an dem Versuch beteiligt. In allen Räumen waren Kameras angebracht, mit denen man die Bewegungsaktivitäten der Schlafenden beobachtete, außerdem wurden die Gehirnströme der Probanden gemessen.

Die Auswertung der Kameraaufzeichnungen und der Messergebnisse brachte ein höchst aufschlussreiches Ergebnis: Paare, die sich in einer harmonischen Beziehung befanden, verhielten sich trotz der räumlichen Trennung absolut gleich. Sie drehten sich zur selben Zeit auf die rechte oder linke Seite, wachten zur selben Zeit kurz auf, um dann weiterzuschlafen. Auch ihre Gehirnströme verliefen parallel. Sie befanden sich also in exakt den gleichen Schwingungsmustern. Der Leiter des Projekts sagte mir halb im Scherz: »Dieter, ich würde niemals eine Frau heiraten, wenn ich nicht vorher diesen Test gemacht hätte.«

Als Biophysiker weiß ich, dass solche Abläufe auf der physikalischen Ebene beschreibbar sind. Resonanz setzt immer mindestens die Schwingungen von zwei Grundoszillatoren respektive Menschen voraus. Es gibt ein sehr schönes Beispiel für diesen Vorgang. Schlägt man eine Stimmgabel an, so passiert etwas Überraschendes: Gibt es im selben Raum einen Gegenstand, der die gleiche Frequenz hat, dann schwingt dieser automatisch mit, obwohl die Stimmgabel und der Gegenstand nicht unmittelbar miteinander verbunden sind: Resonanz wird akustisch manifest.

Physiker sprechen in diesem Zusammenhang von Differenz und unterscheiden zwei Arten: eine konstruktive und eine destruktive Differenz. Dieses Prinzip ist aus der Wellenmechanik bekannt. Zwei Wellen können sich derart überlagern, dass sie sich gegenseitig zu einer großen Welle verstärken, oder aber sie löschen einander aus. Das eine wäre die konstruktive, das andere die destruktive Differenz.

Im Laufe meiner umfangreichen Analysen habe ich beobachtet, dass die meisten Menschen häufiger destruktiven Differenzen ausgesetzt sind, obwohl sie diese paradoxerweise kaum beachten. Es kommt also überproportional häufig vor, dass sich die Energien zweier Menschen gegenseitig auslöschen, ohne dass sie die Ursache bemerken. Aufgrund der Vorherrschaft sozialer Rollen, die unsere Intuition überlagern, nehmen wir die energetischen Gegebenheiten viel zu selten wahr. Eher fällt uns auf, wenn eine konstruktive Differenz vorliegt: wenn wir lieben. Dann spüren wir die fließende Energie, und wir haben die Empfindung, geradezu an eine göttliche Energie angeschlossen zu sein.

Ich widme diesem Punkt so viel Beachtung, weil einer der Gründe für den allgemeinen Energieverlust ist, dass wir destruktive Differenz ignorieren. Und ich versichere Ihnen: Wenn Sie sich darin üben, sie zu erkennen, dann haben Sie einen wirkmächtigen Energieräuber dingfest gemacht. Mein Rat lautet daher: Hören Sie auf Ihre innere Stimme. Vertrauen Sie Ihrem Sensorium, das auf sehr subtile Weise anzeigt, welcher Natur die Beziehung zu einem Menschen ist.

Da das nicht immer in letzter Konsequenz möglich ist, werde ich nun schildern, wie Sie mit unvermeidlichen negativen Energiefeldern umgehen können, ohne dass Ihnen

Kräfte verloren gehen. An dieser Stelle möchte ich Sie zunächst auffordern, Ihr engeres soziales Umfeld einer Energiebilanz zu unterziehen. Am besten machen Sie sich eine Liste all jener Personen, mit denen Sie regelmäßig zu tun haben, im privaten und im beruflichen Umfeld. Nun bewerten Sie jede einzelne Person. Gibt sie Ihnen Energie? Nimmt sie Ihnen Energie? Oder bleibt die Energiebilanz neutral?

Die Kriterien sind einfach. Fragen Sie sich, ob Sie sich auf den betreffenden Menschen freuen und ob die Begegnung mit ihm Sie erfrischt und anregt. Oder ob Sie einen unwillkürlichen Fluchtimpuls spüren, sich beim Kontakt unwohl fühlen und danach leer und kraftlos zurückbleiben. In die dritte Kategorie gehören neutrale Menschen, die förmlich an Ihnen abperlen wie Wassertropfen.

Nun legen Sie drei verschiedene Listen an, auf denen Sie die Personen Ihres Umfelds einsortieren, je nach energetischer Schwingung. Falls die Liste der Energieräuber die längste ist – was übrigens häufig der Fall ist –, sollten Sie ernsthaft über Veränderungen nachdenken. Welche Korrekturen können Sie im Arbeitskontext, im Freundeskreis oder in der Familie verwirklichen? Wie können Sie Kontakte einschränken, bei denen Sie sich wie ausgesogen fühlen?

Ich erinnere mich noch gut an die Teilnehmerin eines meiner Seminare, die geradezu erschüttert war über das, was sie ihren Listen entnehmen musste. Fast alle ihre Kontaktpersonen seien Energieräuber, erzählte sie. Sie würden sie mit persönlichen Problemen belasten, ihr unablässig die eigenen Aufgaben aufhalsen und immerfort an ihre Hilfsbereitschaft appellieren. Da diese Frau eine hohe ethische Einstellung hatte, fühlte sie sich verpflichtet, für jeden ein Ohr zu haben und allen zu helfen. Sie empfand das selbst als Überforderung, doch erst die Listen öffneten ihr die Augen für die energetische Selbstausbeutung, der sie verfallen war.

Einige Wochen später schrieb sie mir eine Mail. Es sei ihr zwar nicht gelungen, allen Energieräubern aus dem Weg zu gehen, berichtete sie, doch habe sie ihr Verhalten umfassend geändert. Schon die Fähigkeit, Menschen energetisch einschätzen zu können, habe viel bewirkt. Sie könne neuerdings genau spüren, wenn sie die negativen Kontakte nach wie vor habe. Und sie fühle sich dadurch sehr viel freier, solche Kontakte zu reduzieren. Im Umkehrschluss widme sie nun mehr Zeit denjenigen Personen, bei denen sie sich spontan wohlfühle.

Und noch eine Veränderung habe sich ergeben, schrieb sie mir. Ihr sei bewusst geworden, dass sie Kontakte mit energetisch positiven Menschen intensivieren müsse. Das führte dazu, dass sie wieder mehr Wert auf Begegnungen im Privatleben legte, während sie vorher dazu neigte, freundschaftliche Beziehungen zu Kollegen zu knüpfen, die ihr eigentlich nichts bedeuteten. Zusätzlich hatte sie beschlossen, mit diesen energetisch wichtigen Menschen nur im nötigsten Fall zu telefonieren und stattdessen reale Begegnungen vorzuziehen. Ihr Leben habe sich dadurch stark zum Positiven verändert, versicherte sie.

Mich hat diese Mail sehr gefreut. Mit wenigen einfachen Korrekturen wurde hier eine energetische Verbesserung möglich, ohne dass diese Frau mit ihrem alten Leben brach. Denn Energieräuber sind dann am wirkmächtigsten, wenn sie uns nicht bewusst sind. Wenn wir achtlos telefonieren, fernsehen, im Internet surfen, wenn wir uns gedankenlos den negativen Schwingungen von anderen Menschen aussetzen. In dem Augenblick, in dem das Bewusstsein steuernd eingreift, nehmen wir intuitiv eine Verhaltensänderung vor. Machen Sie die Probe. Sie werden sich wundern, welche Kräfte Ihnen zuwachsen, wenn Sie den Energieräubern mit mentaler Stärke begegnen.

Doch Sie können noch mehr tun, wenn Sie feststellen, dass negative Schwingungen Ihre Aura förmlich vergiften. Die Begegnung mit einem aggressiven Menschen beispielsweise hinterlässt mehr als ein ungutes Gefühl. Es ist, als ob unsere eigene Energie absorbiert worden sei. Noch bevor wir unsere Filter schließen, hat uns solch ein Energieräuber die positive Energie genommen, die er selbst dringend braucht, aber nicht im freien Austausch erhalten kann. Schließen wir die Filter dann, sind wir blockiert. Als könnte unsere Haut nicht mehr atmen, weil wir sie zum wehrhaften Panzer verhärtet haben.

Blockaden haben übrigens einen sehr unangenehmen Nebeneffekt: Auch mit Personen, die Ihnen nahestehen, können Sie sich nicht mehr austauschen. Auf Dauer werden Sie unfähig zu energetischer Kommunikation mit harmonischen Schwingungsmustern, und es könnte durchaus passieren, dass Sie immer mehr vereinsamen. Oft erzählten mir Besucher meiner Seminare, dass sie durch negative Erfahrungen »beziehungsunfähig« geworden seien. Sie litten darunter, dass sie sich nicht mehr öffnen könnten. All diese Menschen konnte ich beruhigen. Sie waren keinesfalls beziehungsunfähig in einem psychologisierenden Sinne. Vielmehr hatten sie so viele Blockaden aufgebaut, dass ihnen die Fähigkeit zur Resonanz fehlte.

Kommen wir also zur Auflösung der Blockaden, die sich in der Begegnung mit negativ schwingenden Menschen unweigerlich einstellen. Wenn Sie erst einmal Energiearbeit zu einem selbstverständlichen Ritual Ihres Lebens gemacht haben, stehen Ihnen einige Möglichkeiten zur Verfügung, wie Sie unbeschadet aus solchen Situationen hervorgehen.

Wie bereits erwähnt, erfolgt der unbewusste, schutzlose Kontakt in zwei Phasen: Zunächst ist man ungefiltert negativen Feldern ausgesetzt, anschließend wehrt man sich unbewusst durch Blockierungen – die Filter schließen sich. Gänzlich verhindern können wir solche Begegnungen im Allgemeinen nicht, es sei denn, wir befinden uns ausschließlich unter Gleichgesinnten. Das aber ist im normalen Alltag völlig unmöglich. Deshalb kommt es darauf an, diese Einflüsse wahrzunehmen und zu verwandeln.

Wer fließende Energie zu seinem Grundmodus macht, wird auf der Stelle spüren, wenn ein »schlecht bestrahltes« Gegenüber sein Schwingungsfeld berührt. Bevor es überhaupt zu Blockaden kommt, suchen Sie ohne Zögern den bewussten Energiekontakt mit diesem Menschen. Lassen Sie seine negativen Schwingungen sehr bewusst zu – und geben Sie sie sofort verwandelt weiter. Erfassen Sie die störende Schwingung in ihrer ganzen Ausprägung. Konzentrieren Sie sich gleichzeitig darauf, dass Sie negative Energie neutralisieren und in positive umwandeln können. Nehmen Sie zum Beispiel die Aggression und sagen Sie sich: Hier liegt eine starke Energie vor, die ich transformieren kann.

Vor Ihrem geistigen Auge könnte folgendes Bild entstehen: Stellen Sie sich vor, dass Sie selbst aus fließendem Wasser bestehen, das permanent erneuert wird. Ihr Gegenüber träufelt nun einen schwarzen Farbstoff in das Wasser hinein und färbt es dunkel. Lassen Sie verstärkt frisches Wasser nachfließen – so, wie man eine dunkle Flüssigkeit mit großen Mengen frischen Wassers verdünnt. Das Wasser ist hier Sinnbild der fließenden Energie. Stellen Sie sich vor, wie Sie sich durch die Macht aller erschaffenden, positiven Kräfte des Universums langsam wieder heller färben, bis Sie Ihre ursprüngliche wasserhelle Farbe zurückerhalten. Diese Visualisierung wird Ihnen helfen, negative Schwingung in harmonische umzuwandeln.

Wichtig ist dabei, dass Sie Ihre Filter nicht verschließen. Das wäre gleichbedeutend mit einer energetischen Blockierung. Bleiben Sie durchlässig. Halten Sie den Austausch mit der universalen Energie aufrecht. Vertrauen Sie darauf, dass Ihr starkes Energiefeld die negative Energie verwandelt, statt dass Ihnen positive Energie entnommen wird. Schließen Sie den Vorgang ab, indem Sie das Gegenüber in Ihren Energiefluss einbeziehen. Wenn Sie ihm positive Energie zukommen lassen, wird auch er sich, bildlich gesprochen, wieder hell färben.

Sie müssen nicht fürchten, dass Ihnen dabei etwas weggenommen wird: Was fließt, gehört niemandem und allen. Wenn Sie im Austausch sind, werden Sie sich schützen können. Und noch etwas anderes, ebenso Wichtiges geschieht: Ihnen wächst die Fähigkeit zu, negativ schwingende Menschen im besten Sinne zu energetisieren.

Erkennen Sie den Unterschied? Nicht Abwehr, sondern erschaffende Verwandlung ist das Ziel. Versuchen Sie, sich zu öffnen, statt sich zu verschließen. Probieren Sie es aus. Sie werden sich wundern, wie souverän Sie dabei sein werden –

und wie verblüfft Ihr Gegenüber. Das Geheimnis besteht darin, dass Sie aus der destruktiven Differenz eine konstruktive machen. Ihre Aufgabe ist es, das Prinzip der gegenseitigen energetischen Auslöschung umzukehren, zu Ihrem eigenen Wohl und zum Wohl des Universums.

Was aber tun Sie, wenn Sie spüren, dass Sie bereits Blockaden aufgebaut haben? Dann besteht die einzige Chance darin, diese Blockaden durch Energiearbeit zu beseitigen. Ich habe bereits beschrieben, dass fließendes Wasser dabei äußerst hilfreich ist, als symbolische und faktische Reinigung. Aber auch auf der Bewusstseinsebene können Sie zu Lösungen kommen. Das betrifft besonders tief sitzende Blockaden, die sich lange, oft über Jahre aufgebaut haben. Vielleicht ist es eine alte Fehde mit Ihren Eltern oder eine Verletzung, die ein Freund Ihnen beigebracht hat. Ähnlich wie bei der spontanen Erfahrung mit negativen Schwingungen können Sie auch hier auf die Macht der Verwandlung setzen.

Hadern Sie nicht länger mit dem, was Ihnen angetan wurde. Versuchen Sie erst gar nicht, die verborgene Motivation von Menschen zu ergründen, die Ihr Energiefeld nachhaltig stören. Ursachenforschung ist häufig eine Quelle neuer Störungen, da selbst weit zurückliegende Vorfälle eine gegenwärtige Wirklichkeit und damit Macht über Sie erlangen: Der Energieräuber wird dämonisiert und leibhaftig zum Dämon, der alle Ihre Gedanken beherrscht und Ihre Schwingung dauerhaft stört.

Leben Sie den Augenblick. Was strahlt der betreffende Mensch jetzt, in dieser Sekunde, aus? Spüren Sie sein Energiefeld. Halten Sie es aus und verwandeln Sie es. Das wird vielleicht nicht auf der Stelle gelingen, doch allein schon das Bewusstsein, dass Sie energetisch mit dem Betreffenden arbeiten, wird Ihre Beziehung auf eine neue Basis stellen. Denken Sie immer daran, dass Sie das Gesetz des Handelns auf Ihrer Seite haben.

Ich kann Ihnen nur den Rat geben, sich daher auch aller Emotionen zu versichern, denen Sie ausgesetzt sind oder die Sie selbst bewegen. All die Menschen, die in Unzufriedenheit, Kummer, Schmerz und Bitternis befangen sind, haben sehr wahrscheinlich unbewusst negative Emotionen adaptiert. Denn negative Emotionen sind sehr stark und den glücklichen oft an Intensität überlegen. Es ist, als ob negativ schwingende Menschen eine besonders hohe Lautstärke eingestellt hätten. Jemand, der ausgeglichen ist, hat dagegen eine relativ schwache, aber in sich glückliche Energie.

Wenn Sie also in einem Zustand der Glückseligkeit sind, kann es passieren, dass Sie jemandem begegnen, der die volle Lautstärke seiner unheilvollen Energien eingestellt hat und Sie damit bedrängt. Wenn Sie »bei sich« sind, können Sie lächeln wie ein Buddha und bleiben glücklich, weil das Negative Sie nicht erreicht. Das ist der Zustand, wenn man sich einfach fallen lässt und sich klarmacht, dass man gar nichts tun muss, sondern umhüllt ist von Energie.

Mit dem inneren Bild des Austauschs können Sie schrittweise loslassen. In den meisten Fällen habe ich erlebt, dass sich bei energetisch vergifteten Kontakten eine Opfer-Täter-Beziehung aufbaut, die überaus eng ist, enger sogar, als es positive Beziehungen sind. Wir neigen dazu, uns in problematische Bindungen nahezu zu verbeißen und dabei viel Energie zu verlieren. Unablässig beschäftigen wir uns mit ihnen, pausenlos zählen wir auf, welches Unrecht sie uns getan haben. So wird die fatale Beziehung zur Obsession.

Geben Sie den Menschen frei, der Sie bedrängt, verletzt oder ausgenutzt hat. Binden Sie ihn ein in das universale Energiefeld und stellen Sie Ihre Konstellation auf die Schwingungsebene. Es ist absolut erstaunlich, wie umfassend die Befreiung ist und wie die Blockaden schmelzen. Reinigen Sie sich, indem Sie quasi gemeinsam in den heilenden Energiefluss steigen, so, als würden Sie zusammen in einer wundertätigen Quelle baden. Visualisieren Sie diesen Prozess mit der ganzen bildlichen Fantasie, die Ihnen zur Verfügung steht!

Es ist nicht einmal nötig, dass der betreffende Mensch anwesend ist. Durch das Prinzip der Resonanz sind Sie jederzeit in der Lage, Kontakt mit jedem beliebigen Gegenüber aufzunehmen. Schon in dem Moment, in dem Sie sich auf seine Schwingungen konzentrieren, erfolgt eine Umwertung der Beziehung. Zeit und Raum haben keine Bedeutung für energetische Prozesse, sonst würden die Planeten ihre festen Umlaufbahnen nicht aufrechterhalten können. Die Energie, die sie als Bewegungsgesetz mit dem Universum verbindet, ist überall gleichmäßig anwesend. Vergleichbar sind Sie über Schwingung mit jedem Menschen verbunden, mit dem Sie energetisch kommunizieren.

Zwei Schlüsse können wir aus dem Gesagten ziehen. Zum einen müssen wir lernen, negative Energien zu erkennen und klug damit umzugehen, sodass wir sie positiv verwandeln können. Zum anderen müssen wir wissen, wie wir unser Energiefeld reinigen, um nicht alte Blockaden mit uns herumzuschleppen. Beides erfordert ein hohes Bewusstsein für unsere Aura. Sie ist unendlich kostbar und muss gehütet und gepflegt werden wie ein Schatz – durch Energiearbeit, die uns stark macht.

Wie aber kann das konkret vor sich gehen? Am Anfang steht der Aufbau unseres eigenen Energiefelds. Bereits im vorhergehenden Kapitel klang es an: Energiearbeit ist Bewusstseinsarbeit. Am konsequentesten ist sie als Meditation praktizierbar. In der Meditation werden wir sensibel für Energieflüsse und lernen sukzessive, ein intuitives Gespür für ihre Gegenwart zu entwickeln. Wir lösen uns von den Fesseln des konventionellen Denkens und begeben uns stattdessen in das Netz der Energien.

Für die meisten Menschen westlicher Prägung wirkt das zunächst wenig attraktiv, weil der Begriff Meditation für sie eher diffus ist. Zum einen sind sie skeptisch, weil sie denken, es gehe um eine Sonderform der Spiritualität. Wer sich nicht eingehender mit Meditation beschäftigt hat, unterstellt sogar möglicherweise, es handele sich um eine seltsame Religion oder um einen Aberglauben. Zum anderen werden Meditationen in der Regel darauf reduziert, dass sich jemand auf sich selbst oder auf einen minimalistischen Inhalt konzentriert, um dadurch zur Ruhe zu kommen.

Im Kern besteht die meditative Versenkung darin, einen Prozess einzuleiten, in dem man Schritt für Schritt alles hinter sich lässt, was Körper, Geist und Seele hemmt. Solche Hemmnisse haben viele Ausprägungen. Meist sind es die Zwänge, in denen wir gefangen sind. Unablässig wird uns vorgegeben, was wir tun müssen, um erfolgreich, beliebt und akzeptiert zu sein. Da wir unser Ich dabei partiell verleugnen und fesseln, kommt es zu Blockaden, die wir in der Meditation beseitigen können.

Ich halte es für sehr wichtig, dass der Begriff der Meditation entmystifiziert wird. Weder muss man sich Glaubensgemeinschaften oder Sekten anschließen, noch handelt es sich um einfache Konzentrationsübungen. Meditation bedeutet vielmehr, bei sich selbst zu sein. Das setzt absolute Ruhe voraus. Man sollte also den Alltagsrhythmus unterbrechen, einen Termin mit sich selbst machen und bereit sein, sich ganz dem Moment anzuvertrauen.

Was dann geschieht, ist jene Verwandlung, die auch in der Heilung negativer Beziehungen wirksam wird. Bei der Meditation gelangen wir in einen Zustand, in dem wir uns sagen dürfen: Es gibt nichts zu tun, ich brauche nur das zuzulassen, was ist. Dies ist der entscheidende Punkt. Es kommt ausschließlich darauf an, dass Sie sich der universalen Schwingung öffnen, um wieder ohne Blockaden den Energieaustausch aufzunehmen.

Leider jedoch zirkulieren zahllose Missverständnisse, die eine befriedigende Meditation verhindern. Die meisten Menschen denken, sie müssten etwas Spezielles tun, wenn sie meditieren. Sie sehen dabei vor allem den technischen Aspekt, denn viele Meditationsanleitungen geben standardisierte Methoden vor, etwa den Lotossitz oder eine bestimmte Hintergrundmusik. So entsteht der Eindruck, dass bestimmte Bedingungen zwangsläufig eine meditative Haltung erzeugen und man nur einer äußerst mechanistischen Vorstellung folgen muss.

Wahre Meditation jedoch ist Hingabe. Sie verlangt uns keine besonderen Leistungen ab. Alles, was wir herstellen müssen, ist ein Zustand der vorurteilslosen Öffnung. Dann erleben wir, dass die Energie, die wir brauchen, im Überfluss vorhanden ist, weil sie immer da war und nie erschöpft sein wird: kosmische Energie. Wenn man diesen Überfluss visualisiert und in jeder Faser des Seins spürt, wird man zum energetischen Medium. Man kann die Individuation überschreiten und sich auflösen, ohne sich aufzugeben.

In dem Moment, in dem ich mir selbst den Auftrag erteile, dass ich nichts zu erreichen brauche, halte ich den Schlüssel zur Energie in den Händen. Alles ist bereits da, das ist die wichtigste Leitlinie. Die konditionierten Muster von Wohlverhalten und Belohnung verblassen, Blockaden lösen sich auf, wir sind wieder durchlässig und ans große Ganze angeschlossen.

Lassen Sie mich von meinen eigenen Erfahrungen berichten. Ich schließe meine Augen, und wenn ich dann wirklich loslasse und alles zulasse, entströmt mir unwillkürlich ein Ton. Ich habe meinen Mund leicht geöffnet, bin völlig entspannt und lasse diesen Ton vibrieren. Spielerisch erkunde ich verschiedene Tonhöhen, bis ich eine Frequenz erreiche, in der ich die Resonanz spüre. Ich persönlich erreiche diesen Zustand am leichtesten in der Badewanne, weil das Wasser die Resonanz verstärkt. Nach einer Weile erreiche ich einen Punkt der Ekstase: Ich erlebe einen Bewusstseinszustand des Seins, in dem ich mich in meiner vollen Wirklichkeit erfahre.

In diesem Moment stellt sich nicht mehr die Frage, ob ich mich im Energiefluss befinde oder nicht. Das Befreiende dieser Momente liegt darin, dass Körper, Geist, Seele und Kosmos untrennbar eine Einheit bilden. Die willkürliche Trennung meiner Alltagsrationalität wird ausgelöscht. Die Fragmentarisierung, die mich nur zu oft aufspaltet und zerreißt, ist aufgehoben. Ich spüre, dass alle Ebenen meiner Existenz wechselwirkend zusammengehören, in einem universalen Fluss.

In diesem Zusammenhang möchte ich noch einmal auf die Zirbeldrüse zurückkommen, die ja physiologisch der Haupttaktgeber für zirkadiane Rhythmen ist und geistig die Voraussetzung für die Kommunikation mit anderen Menschen, letztlich mit dem Universum. Spirituelle Lehren bezeichnen sie traditionell als das »Dritte Auge«. Anatomisch liegt sie genau in der Mitte des Gehirns. Sie ist das bedeutendste Organ, das wir besitzen, denn ihre Aktivität entscheidet darüber, ob wir Menschen sind oder lediglich Funktionsautomaten.

Die Zirbeldrüse ist magneto-sensitiv, weil sie die größte Menge von körpereigenen Magnetitkristallen enthält, welche auf Schwankungen des Erdmagnetfelds reagieren. Rein faktisch können wir von einer Art »Antenne« zum Erdmagnetfeld sprechen. Wir wissen heute, dass die Zirbeldrüse durch Meditation in eine Schwingung gebracht wird, die dem mittleren Wert der Erdresonanzfrequenz entspricht und uns mit dem großen Ganzen verbindet. Wir alle werden miteinander eins. Auf dieser Ebene koppeln wir uns in kosmische Schwingung ein.

Rätselhafte Phänomene wie die Telepathie haben hier ihre Wurzeln. Da auch Gedanken Schwingungen sind, können wir unabhängig von Zeit und Raum mit Menschen kommunizieren, mit denen uns eine archetypische Resonanz verbindet. Man kann es sich als gemeinsame Lektüre in der Akasha-Chronik vorstellen. In solchen Momenten denken selbst weit voneinander entfernt lebende Menschen intensiv aneinander und versuchen beispielsweise parallel, einander anzurufen. Oder sie tun dasselbe, kaufen vielleicht beide einen bestimmten Gegenstand.

Diese Vorgänge sind mittlerweile wissenschaftlich bewiesen. Sie erklären auch, warum Menschen auf verschiedenen Erdteilen unabhängig voneinander die gleichen Erfindungen machen oder ähnliche kulturelle Entwicklungsschritte vollziehen. Philosophen früherer Jahrhunderte haben dafür den Begriff »Zeitgeist« geprägt. Es ist eine Umschreibung dafür, dass etwas sozusagen »in der Luft liegt«. Und je mehr Menschen das Gleiche denken, desto stärker wird die Bewegung. Nicht zuletzt die Entstehung und Verbreitung großer Religionen kann man auf dieses Prinzip zurückführen.

Wer intensiv meditiert, ist also nicht nur bei sich, sondern zugleich bei allen anderen Menschen, die in diesem Moment ein positives Energiefeld aufbauen und sich energetisch austauschen. Ich kann Sie nur ermutigen, durch regelmäßige Meditation Ihr Energiefeld stetig zu stärken und zu erweitern. In dem Augenblick, in dem Sie Blockaden überwinden, werden Ihnen die wirkmächtigen Energien sämtlicher positiven Schwingungen des Universums zufließen, deren Existenz Sie vorher nicht einmal geahnt haben.

Hier noch einmal die wichtigsten Gedanken des Kapitels im Überblick.

Checkliste – Fließende Energie

- Wir sind energetisch im Fluss, wenn wir uns wie fließendes Wasser im Austausch mit der Energie des Universums befinden. Dann stimmt unsere Schwingungsfrequenz mit jener des Kosmos überein, und uns stehen alle universalen Kräfte zur Verfügung.
- Das Bild des fließenden, reinen Wassers gilt in vielen Kulturen und Religionen als Symbol der Reinigung und des Schutzes. Überdies wird darin eine Transformationsmöglichkeit gesehen, die den Menschen verwandelt und heiligt. Das Wasser versinnbildlicht dabei die Verbindung zu höheren energetischen Dimensionen.
- Das Ideal harmonischer, kosmisch verbundener Schwingung wird heute durch zahlreiche Störungen beeinträchtigt. Dabei handelt es sich um abweichende Schwingungsfrequenzen, die nicht nur von elektrischen Geräten oder negativ codierten Gegenständen ausstrahlen, sondern insbesondere auch von Menschen.
- Abweichend schwingende Menschen sind eine Bedrohung unserer eigenen Schwingung und unseres Energiehaushalts. Sie stören unsere Schwingungsmuster und lassen uns die energetischen Filter schließen, bis wir schließlich massive Blockaden aufbauen.
- Ursprünglich schützte uns ein intuitives Gespür für Sympathie und Antipathie vor energetisch negativen Kontakten. Die sozialen Konventionen diktieren uns heute jedoch die Kommunikation auch mit jenen Menschen, die in destruktiver Differenz zu uns stehen und uns daher Kräfte rauben.

- Umgekehrt war der Mensch einst in der Lage, die archetypische Resonanz eines Gegenübers zweifelsfrei wahrzunehmen und dem Gesetz der Anziehung zu folgen. Er erkannte die konstruktive Differenz und reagierte spontan darauf mit der Intensivierung solcher Kontakte. Auch dies wird häufig durch gesellschaftliche Verhaltensmuster unterbunden.
- Da wir heute nicht den energetischen Gesetzen von Anziehung und Abstoßung folgen, suchen wir unbewusst Strategien, um uns zu schützen. Daher bauen wir Blockaden auf.
- Energieblockaden sind ein Schutzreflex, der fatale Folgen hat. Während wir uns verschließen, nehmen wir uns die Möglichkeit, im Austausch mit kosmischen Energien zu bleiben. Wir werden also doppelt energetisch ausgebrannt: durch von außen kommende Schwingungsstörungen und durch selbst aufgebaute Blockaden.
- Geraten wir in Situationen, in denen wir durch ein negativ schwingendes Gegenüber bedroht werden, dürfen wir uns daher nicht verschließen. Wir sollten uns stattdessen öffnen, die abweichenden Schwingungen aufnehmen und verwandeln.
- Die Verwandlung von negativer Schwingung erfolgt wie das Verdünnen einer dunklen Flüssigkeit mit frischem Wasser: Allmählich färbt es sich heller, bis es wieder klar und durchsichtig ist. Analog wird die abweichende Schwingung durch neue Energiezuflüsse neutralisiert, bis sich das harmonische Schwingungsmuster wieder eingespielt hat.
- Meditation ist Energiearbeit. Sie dient dem Aufbau eines starken Schwingungsfelds und versetzt uns in die Lage, ungeachtet äußerer Einflüsse an die kosmische Energie angeschlossen zu bleiben.

3. Energieritual
Blockadenabbau durch energetische Reinigung

1 Suchen Sie eine Ihnen angenehme Möglichkeit, mit Wasser in Berührung zu kommen. Sie können in einem See, in einem Bach oder im Meer baden oder auch in der heimischen Badewanne. Die letztgenannte Variante ist vermutlich die praktikabelste, die Sie regelmäßig ausüben können.

2 Tauchen Sie mit dem ganzen Körper ins Wasser ein. Bewegen Sie sich kaum, spüren Sie, wie die Energie des Wassers Sie umfließt.

3 Machen Sie sich bewusst, dass gleichzeitig die kosmische Energie Sie durchfließt und reinigt, wie frisches, klares Wasser. Stellen Sie sich vor, dass Sie in dieser Energie baden und dass sie jede Ihrer Zellen erreicht.

4 Nun vergegenwärtigen Sie sich die energetischen Einflüsse der letzten vierundzwanzig Stunden. Was hat Ihre Aura verdunkelt? Wo gibt es »wunde Punkte«, die Sie mit Blockaden geschützt haben? Welche Menschen haben Ihre Schwingungsmuster negativ verändert?

5 Falls Sie sich in einer Badewanne befinden, lassen Sie jetzt frisches Wasser nachlaufen. Genießen Sie den neuerlichen Energieschub, der von diesem Wasserstrom ausgeht. Falls Sie in einem Bach oder im Meer sind, denken Sie an die unerschöpflichen Quellen, aus denen sich das Wasser speist.

6 Schließen Sie die Augen und beziehen Sie alle negativ schwingenden Menschen in den Energiefluss ein, die in Kontakt mit Ihnen waren. Seien Sie durchlässig für deren dunkle Energien.
7 Stellen Sie sich vor, wie das Wasser und die kosmische Energie Sie so lange durchpulsen, bis Ihre Aura gereinigt ist und die aufgebauten Blockaden sich auflösen.
8 Nichts beeinträchtigt mehr Ihre harmonischen Schwingungsmuster. Sie sind eins mit allem.
9 Machen Sie sich bewusst, dass dieser Moment prägend ist. Nichts anderes zählt jetzt. Vergangenheit und Zukunft verlieren ihre Bedeutung. Kosten Sie diesen Zustand mit aller Bewusstheit aus.
10 Spüren Sie in sich hinein und speichern Sie das Gefühl, das dabei ausgelöst wird. Dieses Gefühl werden Sie in Zukunft abrufen können, wenn Sie schwächende energetische Muster wahrnehmen.
11 Beenden Sie das Energieritual, indem Sie duschen. Versuchen Sie dabei, sich auf jeden einzelnen Wassertropfen zu konzentrieren, auf seine pulsierende Energie, seine Reinheit und seine belebende Wirkung.
12 Anschließend ziehen Sie etwas Wärmendes an und legen sich etwa eine Viertelstunde lang hin, während Sie weiter das Gefühl halten, an den ewigen Energiestrom angeschlossen zu sein.

4. SCHÜTZENDE ENERGIE – die Wirkung der energetischen Aura

Gesundheit ist heute eines der wichtigsten Themen überhaupt. Wohl jeder macht sich Gedanken darüber, wie er sich gesund und vital erhält. Aber wohl jeder hat auch schon erlebt, dass er trotz seiner vermeintlich vernünftigen Lebensweise plötzlich krank werden kann. In unserer westlichen Industriegesellschaft ist das Risiko dafür deutlich erhöht. Eine Fülle sogenannter Zivilisationserkrankungen verbreitet sich in den letzten Jahrzehnten, die Tendenz ist steigend. Überspitzt formuliert: Gesundheit ist heute zu einem Sonderfall geworden und keine Normalität mehr.

Im Gegensatz zum Burn-out, der von den Betroffenen explizit als Energielosigkeit im körperlichen und seelischen Sinne empfunden wird, ist das Erscheinungsbild körperlicher Krankheiten meist reduziert auf einen rein physischen Defekt.

Ein Kranker sagt selten »Ich bin krank«, stattdessen sagt er: »Mein Herz ist nicht in Ordnung« oder: »Ich habe einen Bandscheibenvorfall.« Er nimmt sich nicht als Ganzes wahr, sondern meint, dass nur ein Teil von ihm eine Störung aufweist. Daher ist es in diesem Kontext viel schwieriger, ein Bewusstsein dafür zu schaffen, dass es rein körperliche Krankheiten prinzipiell gar nicht gibt.

Unser gesamtes medizinisches System beruht auf diesem Missverständnis. Der kranke Körperteil wird isoliert betrachtet und genauso isoliert behandelt. Dass das ganze System Mensch betroffen ist und darüber hinaus seine gesamte energetische Kommunikation, ist dagegen eine ungewohnte, fast exotisch klingende Wahrheit. Und die Ärzte haben augenscheinlich wenig Interesse daran, neben dem Einsatz teurer Apparate und der Verschreibung von Medikamenten in andere Richtungen zu denken.

Die deutschen Krankenkassen haben eine Liste der häufigsten Krankheiten veröffentlicht, die höchst aufschlussreich ist. Schauen Sie sich einmal genau an, warum Deutsche zum Arzt gehen und es immer häufiger tun.

An erster Stelle stehen Rückenschmerzen, ein Viertel aller Deutschen lässt sich deshalb ärztlich behandeln. An zweiter Stelle stehen Kreislaufprobleme – fast ein Viertel leidet unter Bluthochdruck. Es folgt die Fehlsichtigkeit, dann kommen auf Platz fünf Störungen des Fettstoffwechsels, die sich vor allem durch erhöhte Cholesterinwerte äußern. Danach werden Grippeerkrankungen genannt, übrigens der häufigste Grund für Krankschreibungen. Nicht entzündliche Krankheiten der Vagina folgen, dahinter Bauch- und Beckenschmerzen, akute Bronchitis, Wirbelsäulenprobleme und schließlich ernährungsbedingte Fettleibigkeit, die Adipositas, die oft mit Diabetes Typ II einhergeht.

Haben Sie sich in dieser Statistik wiedererkannt? Es spricht viel dafür. Und wenn Sie die Liste aufmerksam durchgehen, so fällt Ihnen sicherlich auf, dass ein Großteil der

Krankheiten auf unsere modernen Lebensbedingungen zurückzuführen sind. Sie sind sichtbar keine altersbedingten Defekte oder auf Verletzungen beruhende Probleme, sondern gleichsam selbst erzeugt.

Gleich zweimal tauchen Rückenprobleme auf, die einiges über die denaturierte Körperhaltung und den Bewegungsmangel erzählen, der uns heute kennzeichnet.

Zweimal werden auch ernährungsbedingte Krankheiten genannt, die auf zu viel Fett und eine allgemein ungesunde Nahrung hinweisen. Zweimal geht es um Anzeichen von Immunschwäche, bei den grippalen Infekten und bei akuter Bronchitis. Zu nennen wären noch Herzkrankheiten, vor allem Infarkte, die laut einer Studie der DAK die häufigste Todesursache in Deutschland sind.

Fassen wir die Befunde zusammen: Offenbar bewegen wir uns nicht körpergerecht, ernähren uns falsch und haben keinen ausreichenden Schutz vor viralen und bakteriellen Angreifern. Wie konnte das passieren? Warum tun wir so viele Dinge, die uns schaden? Warum haben wir das Gefühl für eine gesunde Lebensweise verloren? Warum spüren wir unseren Körper nicht mehr und widmen ihm erst dann wieder Aufmerksamkeit, wenn seine Hilferufe unüberhörbar werden? Und warum dringen wir so selten an die eigentliche Krankheitsursache vor, unser deformiertes Bewusstsein?

Der Status quo ist niederschmetternd. Nun müsste man meinen, dass der mündige, aufgeklärte Bürger zur Selbsthilfe greift und sein Leben ändert. Doch die Zahlen über sprunghaft steigende medizinische Kosten belegen, dass er lieber zum Arzt geht. Die Schulmedizin reagiert darauf mit einer stetigen Verfeinerung von Diagnostik und Therapie, setzt allerdings bevorzugt auf konventionelle Behandlungen. Es ist Ausdruck einer mechanistischen Herangehensweise, die sich durchgesetzt hat. Der Körper wird als eine Art Container betrachtet, als eine äußere Hülle, die wie eine Maschine repariert werden sollte. Ganzheitliche Therapien dagegen sind immer noch so selten wie eine wirkungsvolle Prophylaxe.

Immer mehr Menschen jedoch geben sich damit nicht zufrieden. Sie suchen nach neuen Wegen, ihre Gesundheit zu schützen und Erkrankungen zu heilen. Sie spüren, dass es tiefer gehende Ursachen dafür geben muss, wenn das Herz aus dem Rhythmus gerät, wenn das Immunsystem versagt oder wenn Zellen sich krankhaft verändern. Und sie haben völlig recht: Das Gesetz der Kausalität verlangt nach Gründen für die Dysfunktionalität unterschiedlichster Körperfunktionen. Krankheiten fallen nicht vom Himmel. Unser Körper ist prinzipiell mit allem ausgestattet, was ihn dauerhaft gesund erhält. Warum also treten derart massive Störungen auf?

Mit der Psychosomatik versuchte man zunächst, seelische Konflikte als Auslöser physischer Beschwerden auszumachen. Auf einen einfachen Nenner gebracht, wurde vermutet, dass eine kranke Psyche typische körperliche Störungen verursache. Die Therapien richteten sich dementsprechend auf Traumata und Neurosen, in der Hoffnung, dass die therapierte Psyche des Patienten auch zur körperlichen Gesundung führe.

Auf diesem Gebiet ist einiges geleistet worden. Doch selten wurden die Hoffnungen auf Heilung erfüllt. Und viele Patienten würden auch weit von sich weisen, dass sie pathologische psychische Defekte haben. Manchem war der psychosomatische Ansatz auch schlicht zu eindimensional. Nahezu jede Krankheit ließ sich angeblich als seelische Dysfunktionalität entschlüsseln? Eine gesunde Skepsis machte sich breit.

Einmal mehr wurde die Vorstellung einfacher Kausalität zur Falle, auch in der Psychosomatik. Zu komplex erscheinen die Krankheitsbilder, als dass sie ohne Weiteres als Folge eines bestimmten Traumas oder eines frühkindlichen Übergriffs bestimmbar wären. Daher haben sich in den letzten Jahren ganz neue Forschungsrichtungen entwickelt, die weit grundlegender vorgehen. Sie basieren auf der Analyse der zellularen Ebene des Körpers, wo sich die primären energetischen Vorgänge abspielen.

Man kam dabei nicht umhin, die modernen Erkenntnisse der Quantenphysik einzubeziehen, welche auch die Funktionsweisen des Körpers auf neue Weise definieren. Es war der berühmte indische Arzt Deepak Chopra, der in den Achtzigerjahren mit seinem Werk *Quantum Healing* (Quantenheilung) Pionierarbeit leistete. Als Internist und Endokrinologe, der lange in Krankenhäusern gearbeitet hatte, wusste er: Die moderne Medizin verkennt die Seele. Und die umfasst weit mehr als die Psyche im klinischen Sinne. Während bei der Therapie der Psyche vor allem biografische Prägungen analysiert werden, ist der Begriff der Seele wesentlich weiter gefasst: als Energie und Bewusstein.

Erstmals verknüpfte Chopra deshalb Spiritualität, Medizin und Quantenphysik zu einer neuen Heilmethode. Er schlug eine ganzheitliche Betrachtungsweise vor, mit der man simplen Kausalitäten entkam und sowohl Gesundheit als auch Krankheit als energetisches Geschehen beschreiben konnte. Chopras Erkenntnisse waren bahnbrechend. Denn er konzentrierte sich ganz auf Energie als Informationstransfer.

Quantentheoretisch ist der Energieaustausch, der allen lebendigen Prozessen zugrunde liegt, ein Austausch von Informationen, die durch Schwingung weitergegeben werden. Gesundheit und Heilung sind demnach abhängig von der Harmonisierung der Schwingung eines Menschen. Weit differenzierter als die Psychosomatik es erlaubte, konnte man nun den ganzen Menschen als Informationssystem bezeichnen, in dem alles miteinander kommuniziert – von der Zellteilung bis zur Emotion, vom Gedanken bis zur Herzfrequenz.

Zugleich brach Chopra mit der Auffassung, dass sich ein Patient in die Hände eines Arztes oder Heilers begeben müsse. Stattdessen setzte er auf Selbstheilung, auf die Kraft der Ideen und Vorstellungen, die eine Person bewegen. Der Mensch selbst, davon ist Chopra überzeugt, ist Subjekt und Objekt zugleich. Er bedarf keiner Hilfsmittel und keiner Partner, wenn er sich Heilung wirklich wünscht. Denn er steht im Zentrum des Geschehens und kann Bewusstein und Körper wirkmächtig steuern. Aus der Quantenphysik ist dieses Prinzip schließlich hinlänglich bekannt: als Hoheit der Gedanken über den Ausgang eines Experiments.

Wertvolle Hinweise kamen aus der Molekularbiologie. Einer ihrer anregendsten Vertreter, Professor Bruce Lipton, beschreibt in seinem Bestseller *The Biology of Belief – Unleashing the Power of Consciousness, Matter and Miracles*, dass die Zellen sich wie winzige Empfänger verhalten, die auf Stimuli aus der Umwelt warten, um quasi programmiert zu werden. Zu den Programmierern unserer Zellen gehöre auch das Bewusstsein, das mittels Gefühlen und Gedanken die Information weiterleitet.

Sofort entbrannte eine heftige Debatte. Kann man sich tatsächlich gesund denken? Sind Krankheiten Ausdruck eines energetisch schwachen oder gar spirituell unterentwickelten Bewusstseins? Und wie verhält es sich mit genetisch vorbestimmten Krankheitsbildern, die als sogenannte Erbkrankheiten kaum therapierbar scheinen?

Bruce Lipton wies in diesem Zusammenhang auf den »epigenetischen Effekt« hin. Damit umschrieb er das Phänomen, dass unsere Gene auf Bewusstseinssteuerungen direkt reagieren. Der Biologe pointierte seine Forschungsergebnisse in der Feststellung: Man kann sich innerhalb von Sekunden nachweisbar krank oder gesund denken. Dabei würden sogar genetische Dispositionen, die anfällig für Krankheiten machen, gelöscht.

Es ist kaum eine medizinische Theorie vorstellbar, die so revolutionär wirkte wie die Epigenetik. Denn sie behauptete entgegen des bis dahin bekannten Forschungsstands, dass unsere Gene nicht unser Schicksal sind. Sie sind nicht unveränderlich für unsere Lebenszeit festgelegt. Vielmehr können wir bis in die subatomaren Prozesse unseres Körpers hinein Änderungen vornehmen und unser Erbgut gleichsam reinigen. Pathetisch gesagt, sind wir damit Wesen, die sich selbst erschaffen. Wir sind die Meister unserer Existenz. Entsprechend stellt Deepak Chopra fest: »Sie erschaffen Ihren Körper in jedem Augenblick neu. Weshalb tun Sie das nicht bewusst und auf höchstmöglichem Niveau?«

Die bewusste Neuerschaffung der eigenen Existenz betrifft

selbst genetisch vererbte Erfahrungen wie Krieg oder Hunger, die oft erst Generationen später wieder an die Oberfläche gelangen. Wir wissen heute durch Familienaufstellungen, dass sogar Enkelkinder noch Angstzustände erleben, die ihre Großeltern durchlitten. Oder dass Enkelinnen ein gestörtes sexuelles Selbstbild haben, weil ihre Großmütter im Krieg vergewaltigt wurden. Dann äußern sich die durch Vererbung weitergegebenen Erlebnisse oft als Depressionen, Ängste oder als typische Krankheitsbilder wie etwa Neurodermitis.

Die Betroffenen leiden, und sie verstehen nicht, was mit ihnen geschieht. Ursachen sind rational schwierig zu erkennen, weil in vielen Familien ein unausgesprochenes Schweigegebot über negative Erlebnisse verhängt wird. Diese kommen nicht vor im Kompendium der Familienanekdoten. Dennoch sind sie existent, weil sie auf der Doppelhelix gespeichert und weitergegeben wurden. Seit Liptons Forschungen können wir sicher sein: Selbst solche tief in der genetischen Struktur verankerten Erlebnisse können kraft der Gedanken aufgelöst werden.

Schutz und Heilung sind Bewusstseinsakte. Die Energien, die daran beteiligt sind, müssen allerdings bewusst gelenkte Energien sein. Das heißt: Wir müssen wissen, dass es heilende Energien gibt, und bereit sein, sie zuzulassen. Gelenkte Energien liegen dann vor, wenn Sie sich darauf konzentrieren, wie Sie Ihren geistigen Horizont ausrichten und welche inneren Bilder Sie leiten. Visualisierungen gehören daher an die erste Stelle der energetischen Neuausrichtung, die zur Selbstheilung führt.

Jeder hat dabei andere Bilder, je nach kultureller Vorprägung und individueller Fantasie. Ich selbst hülle mich zum

Beispiel in Licht. Oder ich dusche im Licht und bin dann unverwundbar. Man kann das für einen Placeboeffekt halten, verwandt den Heilungserfolgen, die sich auch bei wirkungslosen Medikamenten einstellen – weil der Patient meint, er nehme eine starke Medizin. Dem Placeboeffekt haftet allerdings ein unangenehmer Beigeschmack der Täuschung an – so, als sei der Patient experimentell überlistet worden. Richtig ist vielmehr, dass hier die Schwingung der Gedanken den erkrankten Körperbereich wieder in eine harmonische Schwingung bringt und ihn auf diese Weise heilt.

Natürlich ist Selbstheilung ein Konzept, das jeden Schulmediziner zum Widerspruch reizt. Er sieht stets die funktionale Störung des engeren Bereichs. Dass das Herz, die Wirbelsäule, die Bauchspeicheldrüse im intensiven Austausch mit dem System Mensch und seiner Verbindung mit dem Kosmos zu sehen ist, würde er rundheraus ablehnen. Daher kann er auch nicht an den Patienten appellieren, über Energieflüsse und Blockaden nachzudenken. Er ist ganz einfach nicht in der Lage, diese Perspektive als Schutz- und Heilungsperspektive einzubeziehen.

Gegen diese schulmedizinische Einschätzung sprechen unzählige Fälle von Menschen, die trotz einer lebensbedrohlichen Krankheit mit wenig Genesungschancen zur Gesundung fanden. Spontanheilungen und vermeintliche Wunderheilungen sind ein Faktum, an dem niemand vorbeikommt. Der Mensch ist eben keine Maschine, deren Schrauben oder Kugellager irgendwann defekt sind, ein für alle Mal. Vielmehr ist der Mensch ein Netzwerk der Informationen und Schwingungen, in das bewusst eingegriffen werden kann – im Guten wie im Schlechten.

Die Homöopathie nutzt diese Erkenntnis, indem sie ausschließlich mit Informationen arbeitet. Gegen alle Anfeindungen hat sich diese Therapierichtung durchgesetzt, weil ihre Wirkung unter jenen, die sie anwenden, unumstritten ist. Kritiker weisen gern darauf hin, dass in den hohen Verdünnungen bestimmter Stoffe materiell nichts mehr nachweisbar sei. Sie denken zu kurz. Denn Flüssigkeiten können als prädestinierte Schwingungsträger eine einmal aufgenommene Funktion unendlich speichern und jederzeit wieder abgeben, ungeachtet der Konzentration zugeführter Stoffe.

Die Information bleibt, und sie wird weitergegeben, auch wenn der einstige materielle Träger nicht mehr vorhanden ist. Und wie wir gesehen haben, existiert Materie im simplen Sinne ohnehin nicht. Schwingungsverläufe spielen sich auf der feinstofflichen Ebene ab, als energetischer Code, der völlig unabhängig von quantitativen Materialbeschaffenheiten kommuniziert wird.

Ich gebe Ihnen ein einfaches Beispiel dafür. Stellen Sie sich vor, dass Sie in einem Buch eine bestimmte Information gelesen haben, etwa, dass 1789 die Französische Revolution stattgefunden hat. Das Buch wäre in diesem Beispiel der materielle Träger der Information. Sie brauchen jedoch das Buch nicht mit sich herumzutragen, um diese historische Tatsache jemandem weiterzuerzählen. Denn die Information ist jetzt in Ihrem Gedächtnis gespeichert und jederzeit abrufbar – sie hat ihren materiellen Träger gewechselt.

Ähnlich verhält es sich mit der Übertragung von Schwingungsinformation. Eine wässrige oder alkoholische Lösung, die einmal Information aufgenommen hat, enthält sie auf ewig und kann sie permanent austauschen und weitergeben.

Darauf beruht das Wirkprinzip der Homöopathie. Doch auch ohne die Einnahme informell und energetisch aufgeladener Substanzen sind Schwingungsübertragungen möglich. Allein der Glaube daran, dass man gesund sein kann, verändert nachweislich das Schwingungsmuster Ihrer Gedanken und Ihrer Zellen. Und der Glaube wird umso wirkmächtiger sein, je intensiver Sie ihn visualisieren. Das ist das Geheimnis des energetischen Schutzes.

Positive Schwingungsveränderungen sind universal. Ihre Einflüsse erstrecken sich auf jedes Geschehen, in das wir involviert sind, beginnend beim Mikrokosmos unseres Körpers bis zum Makrokosmos des Universums. Das, was wir Schicksal nennen, ist ebenso ein bewegliches, beeinflussbares Schwingungsmuster wie unsere Herzfrequenz.

Ich selbst war im Laufe meines Lebens mehrfach mit Situationen konfrontiert, die äußerst gefährlich waren und in denen mich meine inneren Bilder schützten. Vor vielen Jahren machte ich eine Reise nach Burma, in die Gegend von Bagan und Mandalay. Es war zu Beginn der 1980er-Jahre ein Gebiet, das für den Tourismus noch nicht erschlossen war. Eines Tages erreichte meine Gruppe einen kleinen See. Es war tropisch heiß, und ich hatte das heftige Verlangen, in diesem See zu baden, um mich zu erfrischen. Ich wusste, dass es in solchen Seen Piranhas gab und dass alle Reiseführer davor warnten, sich in stehende Gewässer zu begeben. Doch das konnte mich nicht abhalten.

Mut war es nicht, was mich leitete. Es war etwas ganz anderes. Während ich in das Wasser eintauchte, visualisierte ich eine goldene Lichtkugel, die mich umgab. Ich war völlig golden. Ein paar Minuten lang schwamm ich im See, und nichts Negatives passierte. Obwohl das Gewässer sehr wahrscheinlich von Piranhas und giftigen Wasserschlangen nur so wimmelte, blieb ich unbehelligt.

Man könnte nun sagen, ich hätte damals einfach nur Glück gehabt, Skeptiker behaupten das ohnehin. Sie bemühen lieber den Zufall, als sich auf energetische Phänomene einzulassen. Doch ich wusste es besser: Der Gedanke an die goldene Lichtkugel hatte mich beschützt. Ich hatte dadurch ein Schwingungsfeld aufgebaut, das mich vor Piranha-Angriffen bewahrte. Ich spürte: Ich bin unverwundbar. Denn ich hatte mich, wenn man so will, mit Gott verbunden. Alle guten, aufbauenden Kräfte des Universums waren in mir und an meiner Seite.

Besonders lebhaft erinnere ich mich an eine Reise Anfang der 1980er-Jahre nach Südamerika, die mich in eine höchst riskante Lage brachte. Damals marschierte ich mit einer kleinen Expedition durch das Amazonas-Gebiet. Was ich nicht ahnte: Genau zu dieser Zeit machte die maoistische Guerillabewegung »Aktion Leuchtender Pfad« die Gegend unsicher. Die Anhänger dieser Untergrundbewegung gingen äußerst aggressiv vor, um ihre politischen Ziele durchzusetzen. Sie entführten vorzugsweise Ausländer und töteten sie, wenn das Lösegeld nicht binnen weniger Tage eintraf.

Als ich mit der Expedition aufbrach, hatte mir niemand davon erzählt. Erst als wir weit entfernt von jeglicher Zivilisation waren, mitten im Dschungel, wurde mir mitgeteilt, dass es Touristen eigentlich streng verboten sei, dieses Gebiet zu betreten. Täglich müssten wir damit rechnen, von den gewaltbereiten Milizionären angegriffen zu werden. Zunächst war ich wie vor den Kopf gestoßen. Doch dann regte sich eine starke Intuition. Ich spürte in die Situation hinein und bat den Leiter der Expedition, das Thema nicht mehr anzusprechen. Denn mir war spontan klar: Mit meinem Bewusstsein für die universalen Schutzkräfte würde ich dieser Gefahr begegnen, ohne dass etwas Schlimmes passierte.

Man könnte meine Haltung Gottvertrauen nennen, keinesfalls aber Naivität. Vielmehr vertraute ich meinen Schwingungen. Denn während ich die Situation energetisch einschätzte, hatte sich keine Angst gezeigt. Aus diesem Grund wollte ich mich gedanklich nicht weiter mit einem möglichen Angriff der Guerilleros auseinandersetzen. Ich lenkte vielmehr meine ganze Energie auf den glücklichen Ausgang der Sache. Auf der Verstandesebene war mir durchaus bewusst gewesen, dass die Weiterreise nicht ungefährlich war. Aber ich spürte einfach, dass alles gutgehen würde – und tatsächlich kamen wir Wochen später ohne Zwischenfälle an unserem Ziel an.

Ein anderes inneres Bild, das mich leitet, ist die Vorstellung, dass ich in eine Art Taucheranzug eingehüllt bin, der golden und silbern schillert. Er hat die Eigenschaft, dass er alles, was von außen kommt, reflektiert. In der äußeren Schicht wirkt er wie ein Spiegel. Er gibt Energien sofort zurück, die auf ihn treffen. Ich manipuliere daher nicht, ich tausche mich aus mit dem, was ich von anderen empfange. So verhindere ich, dass ich unbewusst zum Energieräuber werde, der selbst nicht mehr energetisch kommunizieren kann.

Mein »Taucheranzug« schützt mich davor, dass ich etwa bei einem Gang durch die Stadt ausgelaugt werde. Man kann sich dieser Situation ja nicht entziehen, man muss einkaufen gehen oder mit der U-Bahn fahren, wenn man ein normales Leben führt. Kurz bevor ich das Haus verlasse, hülle ich mich ganz bewusst in den Anzug und weiß, dass ich im Austausch stehe und als spiegelnde Fläche jegliche Energie reflektiere: die positive und die negative. Deshalb verändern negative Energien nicht mein eigenes Schwingungsmuster – sie fließen durch mich hindurch und verlassen mich wieder.

Haben Sie auch schon einmal einen Schutzschild visualisiert? Dann ist es das Energiefeld, das Sie umgibt. Versuchen Sie, Ihr eigenes inneres Bild zu finden, sei es ein spezieller Anzug, eine goldene Kugel oder eine Lichtpyramide. Solche Vorstellungen werden Sie wirkmächtig begleiten und über alle Bedrohungen hinweggleiten lassen. Es hat mich immer interessiert, mit welchen Visualisierungen andere Menschen arbeiten. Man kann viel lernen, wenn man aufmerksam zuhört, welche inneren Bilder Schutz versprechen.

Oft sind es archetypische Bilder, welche unwillkürlich entstehen, und es ist sehr wahrscheinlich, dass wir sie aus der Akasha-Chronik beziehen. Eine Bekannte erzählte beispielsweise, dass sie vor Reisen immer eine »Lichttablette« nimmt. Da sie beruflich viel unterwegs ist, muss sie hinnehmen, dass überall dort, wo viele Menschen aufeinandertreffen, eine hohe Ansteckungsgefahr besteht. Im Bus, in der Bahn, vor allem aber im Flugzeug ist man den vielfältigsten Krankheitserregern ausgesetzt. Deshalb konzentriert sie sich schon einen Tag vor Reisebeginn ganz auf diese Lichttablette. Sie nimmt sie in Gedanken ein wie andere Leute Aspirin.

Dieser Bewusstseinsakt hat sie bisher vor allen Infektionskrankheiten bewahrt – weil das innere Licht sie schützt. Das erinnert an rituelle geheiligte Speisen, die in vielen Religionen verzehrt werden. Das Licht ist hierbei mehr als eine

Metapher. Die Visualisierung von Licht hat ihre eigene Magie, die direkt auf die Zirbeldrüse und das gesamte Schwingungsmuster wirkt. Durch neuere Untersuchungen wurde der Zusammenhang von Lichttherapie und zirkadianen Rhythmen offenbar. Daraus entstand die Lichttherapie, die vor allem bei depressiven Verstimmungen und Schlafstörungen eingesetzt wird.

Um sich den Zusammenhang zu vergegenwärtigen, müssen wir daran denken, dass der Schlaf-wach-Rhythmus chemisch durch Melatonin geregelt wird, ein Hormon, das im Gehirn produziert wird. Die Lichttherapie kommt direkt nach dem morgendlichen Aufwachen zum Einsatz. Der Patient wird einer starken Tageslichtlampe ausgesetzt, und über die Netzhaut wird der Reiz ans Hirn weitergeleitet. Die Folge: Die Melatoninproduktion wird beendet, das Restmelatonin rasch abgebaut, und ein deutlicher Stimmungsaufschwung macht sich bemerkbar.

Energetisch betrachtet, wird das natürliche Schwingungsmuster unterstützt, das via Zirbeldrüse auch durch die Melatoninproduktion gesteuert ist. Wer die wirklichkeitserschaffende Wirkungsweise des Bewusstseins kennt, braucht keine Lampen. Es reicht aus, dass er Licht visualisiert. Es ist dann so real wie eine Halogenlampe, denn die Macht der Vorstellungskraft erzeugt nachweisbare Einflüsse auf Körper und Geist.

Lassen Sie mich ein einfaches Beispiel für diesen Vorgang geben. Wenn Sie ein Buch lesen oder einen Film sehen, dessen Held von Mördern verfolgt wird, so werden Sie die Todesangst unwillkürlich spüren. Ihr Herz schlägt schneller, vielleicht bekommen Sie feuchte Hände. Und das, obwohl Ihr

Verstand Ihnen sagt, dass Sie es mit purer Fiktion zu tun hat. Ihr Bewusstein aber reagiert, und mit ihm der Körper. Genauso können Sie durch eine lebhafte Vorstellung von Licht – etwa in einer Meditation – tatsächlich alle Auswirkungen des Lichts empfinden: Helligkeit, Wärme, Klarheit. Ihre Durchblutung intensiviert sich, Sie fühlen sich wohl.

Ähnlich ergeht es allen Menschen, die auf die Kraft des Bewusstseins setzen, wenn es um die Gesundheit geht. Sie haben verinnerlicht, dass Körper und Seele sich täglich entscheiden, ob sie krank oder gesund sein wollen. Und sie sind fest entschlossen, diese Entscheidung mithilfe der kosmischen Energie in die richtige Richtung zu lenken.

Denken Sie an die legendäre Ordensschwester Mutter Teresa. In den Slums von Kalkutta kümmerte sie sich jahrelang um Menschen, die an hochansteckenden Seuchen litten. Tagtäglich hatte sie mit Infektionskrankheiten wie Lepra, Cholera und Diphtherie zu tun. Dennoch steckte sie sich nicht an. Wie durch ein Wunder ging sie unbeschadet aus diesen gesundheitsgefährdenden Situationen heraus und fand immer wieder neu die Kraft, ihre schwierige Arbeit zu verrichten. In einem Interview sagte sie einmal, ihr Glaube habe sie geschützt. Mit anderen Worten: Es war ihre spirituell schwingende Seele, die sie mit großen Schutzkräften umgab.

Solche Geschichten haben eine eigene Symptomatik. Sie belegen, dass positiv schwingende Gedanken darüber entscheiden, ob wir körperlich geschützt sind und unsere Gesundheit aufrechterhalten können – oder ob wir Schädigungen und Krankheiten hilflos ausgeliefert sind.

Ich habe mich sehr oft mit Ärzten darüber unterhalten. Die besten unter ihnen waren sich dieser Vorgänge sehr bewusst und bezogen sie in ihre Behandlung ein. Ein Onkologe sagte mir einmal: »Das Todesurteil für einen Patienten ist es, wenn ich ihm die Hoffnung nehme. Wenn ich ihm mitleidslos mitteile, dass er Krebs hat und dass ihm nur noch eine gewisse Zeit zum Leben bleibt. Dann wird er tatsächlich bald sterben. Es kommt also ganz darauf an, wie ich ihm eine Diagnose vermittele – das entscheidet über seine Lebenschancen.«

Energetisch geschulte Ärzte weisen darauf hin, dass jeder Patient zu jedem Zeitpunkt in der Lage ist, alles wieder vollständig zu verändern. Das setzt das Wissen über unsere faktische Unsterblichkeit voraus. Niemand muss Angst vor dem Tod haben, weil das Sterben nur ein Transferraum ist, der die Seele in eine andere Existenzform geleitet. Es ist, als ob man den Anzug wechselte. Das körperliche Ableben ist demnach nur ein körperliches Ablegen unseres Anzugs. Wenn man das zu seinem Bewusstseinszustand macht, kann man sich von der archetypischen Todesangst befreien, die letztlich die größte Sorge um Energie ist.

Angst ist das Gegenteil harmonisch schwingender Energie. Sie erzeugt genau jene Blockaden, die auch zum Burnout führen. Angst absorbiert Energie, ohne dass man neue aufnehmen kann. Wie das Kaninchen vor der Schlange verfallen wir in Schockstarre und verschließen uns. Führen wir uns also vor Augen, dass wir kosmische Geschöpfe sind, die ewig existieren. Dann können wir loslassen und uns dem Kosmos anvertrauen. Gleichzeitig tauschen wir uns wieder mit dem universalen Energiesystem aus.

Doch das ist nicht die Regel. Angst vor Krankheiten hat nämlich die überwiegende Mehrzahl der Deutschen. Die DAK hat 2010 eine Umfrage beim renommierten Forsa-Institut in Auftrag gegeben, deren Ergebnisse fast erschreckend sind. 73 Prozent der DAK-Versicherten gaben an, sie hätten Angst vor einer Krebserkrankung, 53 Prozent fürchten sich vor einem Unfall mit schweren Verletzungen, 52 Prozent vor einem Schlaganfall, 50 Prozent vor Demenz und Alzheimer. 45 Prozent befürchten einen Herzinfarkt, und ganze 30 Prozent haben Angst, in naher Zukunft an einer psychischen Erkrankung wie Depression zu leiden.

Vor allem junge Menschen stehen ganz im Bann einer möglichen Krankheit. Unglaubliche 81 Prozent der 14- bis 29-Jährigen haben Angst, an lebensbedrohlichen Krankheiten wie Krebs zu erkranken. Obwohl sich die meisten von ihnen gesund fühlen, steht ihnen also die Gefahr einer tödlichen Krankheit konkret vor Augen. Es sind Zahlen, die betroffen machen. Nie war die gesundheitliche Aufklärung so weit fortgeschritten, nie waren medizinische Therapien so zugänglich und bezahlbar – und doch gibt es eine verbreitete Furcht vor dramatischen Krankheitsverläufen.

Angst ist mehr als ein diffuses Gefühl – es ist der Beginn jeder Krankheit. Angst ist eine emotionale Schwingung, die das Befürchtete geradezu herbeilockt. Was wir für möglich halten, halten wir bald schon für wahrscheinlich und im dritten Schritt für unausweichlich. Diese negativ codierte Schwingung teilt sich unmittelbar allen körperlichen Prozessen mit. Für Gesundheit und Heilung ist es daher unerlässlich, sich seinen Ängsten zu stellen und sie aufzulösen. Das geschieht mit dem, was wir Urvertrauen nennen. Wir haben allen Grund dazu. Denn das Universum will uns nicht zerstören, es will uns mit Energie versorgen und kräftigen, damit wir unserer Bestimmung folgen.

Andererseits fühlen wir uns häufig außerstande, diese Option anzunehmen. Zu viele Energieräuber bedrängen uns, zu viele Störfaktoren beeinträchtigen unseren Energiestatus. Wer würde schon von sich behaupten, dass er ohne jegliche Blockade sei? Dass er jederzeit Anschluss an universale Energieflüsse hat, die ihn vor allem Unheil bewahren?

Was wir existenziell brauchen, sind Rituale, mit denen wir Schwingungsstörungen und Energieverluste verhindern. Deshalb ist es ungeheuer wichtig, zu wissen, woher wir uns wertvolle Schwingungsinformationen holen können. Ich beschrieb Ihnen bereits Meditationswege, die Ihnen den Zugang zur unerschöpflichen kosmischen Energie ermöglichen. Daneben gibt es einige unterstützende Methoden, die Ihnen helfen, Ihr schwingendes Ich zu entdecken.

Im Folgenden werde ich Ihnen einige spezielle Energierituale schildern. Dabei sollte man jedoch beachten, dass sie nie Selbstzweck sein dürfen, sofern sie mit Hilfsmitteln durchgeführt werden. Wenn ich Ihnen gleich die energetisierenden Wirkungen von Kristallen oder Bäumen schildere, vergessen Sie bitte nie: Das Ziel ist es, eines Tages ohne jedes Accessoire seiner energetischen Aura sicher zu sein und sie jederzeit im Austausch mit kosmischer Energie zu kräftigen. Sie sind lediglich Medien, die uns helfen, unseren energetischen Schutz zu spüren.

Beginnen möchte ich mit Edelsteinen. Als Kristalle sind sie de facto Energieverstärker. Zusätzlich fungieren Sie als Informationsspeicher. Die alten Ägypter glaubten, dass sie besonders geeignet seien, um kosmische Energie aufzufangen. Deshalb setzten sie an die Spitze ihrer Pyramiden Kristalle, um sich mit den Kräften des Kosmos zu verbinden. Sie wurden wie Antennen zum Universum eingesetzt und sollten dafür sorgen, dass der Energiefluss zwischen irdischer und kosmischer Sphäre aufrechterhalten wurde.

Diese Eigenschaften prädestinierten Edelsteine zum Medium der Gesunderhaltung und Heilung. Schon die Sumerer und die Maya benutzten Kristalle als Heilsteine, bei den Griechen dienten sie zur Desinfektion von Wunden. Kristall- und Edelsteinschmuck hatte deshalb ursprünglich die Bedeutung, dass er als Schutz vor Krankheiten galt und häufig gezielt therapeutisch eingesetzt wurde. Ihre Wirkung beziehen Kristalle also nicht von Eigenschaften eines Medikaments, sondern allein von ihrer Transmitterfunktion, was kosmische Energie betrifft.

Dies ist ihre eigentliche Funktion und der Grund, warum Könige, Pharaonen und Häuptlinge sich mit Edelsteinen umgaben. Natürlich unterstrich der materielle Wert den Status solcher Führungspersönlichkeiten. Weit wichtiger war aber von jeher, dass diese Edelsteine an ganz bestimmten Stellen getragen wurden. Die goldene Krone zum Beispiel fasste Kristalle ein, und das Gold zentrierte ihre Energien. Sie gingen zunächst vom Dritten Auge aus und wurden durch die Krone nach außen geleitet. In der Einschätzung des Volks waren Könige nie lediglich weltliche Herrscher, sondern zugleich auch Vermittler zu kosmischen Energien. Ausdrücke wie Strahlkraft und Charisma unterstrichen diese Fähigkeit.

Lange war das Wissen um die Heilkraft der Steine verschüttet. Erst in den 1980er-Jahren wurde es wiederentdeckt, als das Interesse an spirituellen Praktiken wiedererwachte und das Phänomen der Energie unaufhaltsam ins Zentrum der Überlegungen rückte. Bald zirkulierten Geschichten über paranormale Heilerfolge, die als Wunderheilungen bezeichnet wurden. Doch das Wunder war erklärbar – als heilende Energie, die von Kristallen gleichsam eingefangen und weitergegeben wurde.

Ein ganzes System ist inzwischen entstanden, in dem man bestimmten Steinen spezifische Heilungsmuster zuordnet. Dem Quarz beispielsweise wird zugeschrieben, dass er unmittelbar auf die Zirbeldrüse einwirkt und den Geist für das höhere Bewusstsein öffnet. Deshalb wird er auf das Scheitel-Chakra gelegt, das sich mitten auf dem Kopf befindet. Grüner Aventurin löst Energieblockaden, regt die tiefe Atmung an und lässt die Energie zwischen physischem und seelischem Körper fließen. Er wird auf das Sonnengeflecht gelegt, das er nachhaltig aktiviert.

Als äußerst harmonisierend hat sich der Rosenquarz bewährt. Auf das Herz-Chakra gelegt, führt er zu tiefem Frieden und der Fähigkeit, sich selbst zu lieben. Zur Verstärkung und Vertiefung von Meditationen ist es hilfreich, einen Amethyst in der Hand zu halten. Wer Näheres darüber wissen möchte, kann sich in der umfangreichen Literatur zu diesem Thema Anregungen geben lassen.

Für unser rationales Denken mögen solche Zuschreibungen zunächst befremdlich sein. Einmal mehr möchte ich betonen, dass es mittlerweile objektive wissenschaftliche Grundlagen gibt, die den energetischen Aspekt der Kristalle beweisen können. Dennoch sollten Sie sich darüber im Klaren sein, dass es nie der Stein selbst ist, der wie ein Wundermittel wirkt. Es bedarf der bewussten Energiearbeit, um seine Kräfte zu wecken und zu nutzen. Nur dann wird er seine schützenden und heilenden Potenziale ausstrahlen.

Die spezielle therapeutische Verwendung ist in diesem Zusammenhang für mich eher ein Sonderfall. Die Frage ist vielmehr: Wie optimiere ich meinen Energiefluss? Insofern ist es zunächst eher unerheblich, welchen Kristall Sie bevorzugen. Für den Anfang bieten sich Bergkristalle an, die wunderbar transparent und auch erschwinglich sind. Ich persönlich liebe diese Steine wegen ihrer Reinheit und Offenheit.

Da jede Farbe prinzipiell mit einem bestimmten Auftrag belegt ist, würde ich empfehlen, zur allgemeinen Kräftigung im Sinne des Energieaustauschs mit farblosen Steinen zu arbeiten, sei es nun ein Bergkristall oder ein Diamant. Danach werden Sie spüren, zu welchem Stein und zu welcher Farbe es Sie zieht. Trauen Sie Ihrer Intuition. Sie wird Sie führen. Ich möchte Ihnen aber auf jeden Fall ans Herz legen, sich eingehend mit Kristallen zu beschäftigen und mit einem Edelstein Ihrer Wahl zu umgeben, ihn am besten immer bei sich zu tragen.

Unbedingt zu beachten ist, dass man einen Kristall zunächst reinigen sollte, erst unter fließendem Wasser, dann einige Tage lang in einer Salzlauge. Man rührt sie am besten mit purem Meersalz an, weil Meersalz wie auch Himalajasalz viele Informationen enthält, die industriell gereinigtes und neutralisiertes Salz nicht mehr besitzt. Man kann den Kristall auch in ein Salzbett auf die Fensterbank legen, um ihn in seine natürliche Schwingung zurückzugeleiten.

Denken Sie daran: Einen energetisch neutralen Gegenstand gibt es nicht, und insbesondere Kristalle enthalten viele fremde Schwingungen, die sie aufgenommen und gespeichert haben. Da Sie nicht wissen können, welcher Art diese

Schwingungen sind, empfiehlt es sich, den Stein durch die genannten Reinigungsrituale zu harmonisieren. Anschließend haben Sie die Möglichkeit, ihn durch meditative Versenkung in Ihr eigenes Schwingungsfeld einzubeziehen und ihn förmlich aufzuladen mit positiver Energie.

Für manche wird dann der Kristall zu einem wahren Glücksstein, da er mit einem ganz konkreten Auftrag belegt wurde, der regelmäßig wiederholt und erneuert werden muss. Die Energie, die man selbst in den Stein hineinlegt, macht ihn geradezu zu einem Akku, den man immer dabeihat und an dem man sich auflädt, wenn man sich geschwächt fühlt.

Eine weitere Energiequelle ist die freie Natur. Von ihrer energetisierenden Wirkung habe ich bereits berichtet. Näher möchte ich an dieser Stelle auf das Energiefeld von Bäumen eingehen. Auf manchen wirkt es möglicherweise seltsam, doch es hat sich tatsächlich bewährt, Bäume zu umarmen. Falls Ihnen das zu befremdlich erscheint, können Sie sich auch von Zeit zu Zeit kurz mit der Stirn an einen Baum lehnen. Das habe ich instinktiv schon als Jugendlicher getan und hatte das Gefühl, dass ich förmlich aufgeladen wurde.

Der Grund ist einfach: Bäume sind in gesteigertem Maß bereit, Energie aufzunehmen und zu transformieren, da sie buchstäblich Himmel und Erde verbinden. Wenn Sie das Energiefeld eines Baums spüren wollen, dann können Sie folgende, außerordentlich beeindruckende Übung durchführen. Ich habe sie sehr oft gemacht.

Ich lege meine zu Fäusten geschlossenen Hände auf die Brust und spreize die Daumen ab. Das sind meine Antennen. Dann schließe ich meine Augen, während ich direkt vor einem großen, kräftigen Baum stehe. Nun gehe ich langsam ein paar Schritte zurück, bis ich etwa ein, zwei Meter vom Baum entfernt bin. In meiner Erinnerung steht der Baum vor mir, ganz wirklich. Jetzt nähere ich mich dem Baum vorsichtig, mit weiterhin geschlossenen Augen.

Es ist fast unglaublich, was dann passiert: Es gibt einen Schwellenwert, den ich nicht überschreite. Der Baum ist mit seinem Energiefeld in der Lage, sich mir fast körperlich entgegenzustellen. Das Feld ist so stark, dass es fast die Gravitationskraft aufhebt. Man hat das Gefühl, dass es eine Energie gibt, die so intensiv spürbar ist, dass man wenige Zentimeter vor dem Baum unwillkürlich stehen bleibt – ohne ihn zu berühren.

Glauben Sie mir: Man kann sich wunderbar mit Bäumen verbinden und sich an ihnen aufladen. Es ist eine der schönsten Energieübungen überhaupt. Sie werden das Energiefeld intuitiv wahrnehmen, je nachdem, wie stark der Baum ist. Auch die Jahreszeiten haben einen Einfluss, denn im Frühjahr, wenn die Blätter gerade gesprossen sind, ist das Energiefeld am stärksten, und im Winter, wenn alle Blätter abgefallen sind, am schwächsten.

Doch das sind nur Hinweise. Suchen Sie sich Ihre eigenen Orte, Ihre Gegenstände, Ihre Situationen, in denen Sie spüren, dass Sie in Fluss kommen. Denken Sie daran, dass Sie sich täglich neue erschaffen, und lenken Sie Ihr energetisches Bewusstsein darauf.

Ich halte überhaupt nichts von den allgemein verordneten Gesundheitsempfehlungen. Alles entsteht im erschaffenden Gedanken, in der positiven Schwingung. Bald werden Sie feststellen, dass Sie jedes Detail Ihres Alltags auf seine Energieeigenschaften hin befragen. Sie brauchen keine guten

Vorsätze zu fassen: Fast von selbst werden Sie sich gesünder ernähren, weil Sie sensibel dafür geworden sind, ob ein Nahrungsmittel Sie lähmt oder energetisiert. Ich prophezeie Ihnen: Sie werden fettes Essen meiden und die Schwingung eines Apfels schätzen lernen.

Grundsätzlich gilt: Wir sind mit unserem Bewusstsein und der Richtung, in die wir unser Bewusstsein hinlenken, fähig, wirkmächtige Energetisierungen vorzunehmen, auch bei unserer Ernährung. Prinzipiell sind wir sogar in der Lage, Gifte, also toxische Elemente, in verdauliche Nahrung zu verwandeln. Das entspricht einem alchemistischen Vorgang. Unser Gehirn ist das Schaltzentrum diverser alchemistischer Prozesse, die uns vor negativen Einflüssen schützen können. Ganz gleich, was ich auf dem Teller habe, stets nehme ich meine beiden Hände und halte sie über die Speisen. Dabei ist mir vollkommen gleichgültig, ob mir jemand zusieht oder nicht. Ich visualisiere einfach, dass von meinen Händen eine Energie ausgeht und ich das betreffende Gericht mit Licht und Liebe auflade. Damit führe ich dem Körper etwas zu, was harmonisiert ist.

Vielleicht können Sie sich an den Gedanken gewöhnen, es selbst genauso zu machen. Wie gesagt: Alles hängt vom Bewusstsein ab. Auch das Bedürfnis nach körperlicher Bewegung wird sich von selbst einstellen, weil Sie verinnerlichen, wie wohl Sie sich nach einem Spaziergang im Wald oder nach maßvollem Sport fühlen. Solange Sie Bewegung als lästige Pflicht erachten, die Ihnen von Ärzten auferlegt wird, kann sie nichts ändern.

Erst wenn Sie Ihren Körper als unmittelbaren Ausdruck Ihres Ichs annehmen, werden Sie ihn so schützen und pflegen, dass er von Energie durchflossen wird. Dr. Walter Balters stellt dazu fest: »Aufgerichtet und aufrecht bedeutet mehr als senkrecht, es geht um Transformation, um seelische und geistige Aufrichtung.«

Die auffällige Verbreitung von Fettsucht, Rückenproblemen, Herzerkrankungen und Immunschwäche wird Sie nicht mehr betreffen. Spüren Sie sich und freuen Sie sich daran, dass Sie kraft Ihres Bewusstseins einen starken Körper und eine unverwundbare Seele besitzen können. Seien Sie im freien Energiefluss Ihr eigener Schöpfer, so wie die kosmische Energie alles Seiende erschafft.

Und noch eines: Falls Sie körperliche Beschwerden haben, so beziehen Sie die betreffenden Zonen intensiv in Ihr Energieritual ein. Lassen Sie Energie fließen, Liebe fließen, die besten Gedanken. Zürnen Sie nicht mit Ihrem schmerzenden Rücken oder Ihrem schwachen Herz. Dies ist der fatalste Fehler, den viele machen. Sie sind geradezu wütend auf den Körperteil, der ihnen Probleme beschert. Sie klagen über den »schlimmen Rücken« oder darüber, dass ihr Herz »verrücktspielt«.

Solche mentalen Abspaltungen vergrößern die Beschwerden, weil die betroffenen Partien energetisch isoliert werden. Im Grunde rufen sie lediglich nach Aufmerksamkeit, wie ein vernachlässigtes Kind. Behandeln Sie sie genauso, wie Sie ein geliebtes Kind behandeln würden: mit Ihrer ganzen Konzentration, Achtsamkeit und Liebe.

Schmerz ist immer ein Signal für Energieblockaden. Homöopathen meinen sogar, dass Schmerz immer ein Zeichen dafür ist, dass etwas abstirbt – ein Todesschmerz. Verlebendigen Sie jede Zelle Ihres Körpers durch die schöpferische Potenz Ihres Bewussteins. Dann genießen Sie einen Schutz, der universal ist, weil er Ihnen vom Universum zur Verfügung gestellt wird.

Auch dieses Kapitel möchte ich wieder mit einer Zusammenfassung schließen.

Checkliste – Schützende Energie

- Krankheit, nicht Gesundheit, ist heute der Normalfall geworden. Immer mehr Menschen begeben sich in medizinische Behandlung und hoffen, durch Medikamente geheilt zu werden. Auffallend ist die Häufung bestimmter Krankheitsbilder.
- Die Schulmedizin sieht nur den betroffenen Körperteil, nicht den ganzen Menschen. Sie isoliert das Symptom und bezieht es nicht auf das energetische Geschehen des menschlichen und kosmischen Schwingungssystems zurück.
- Die häufigsten Krankheiten sind sogenannte Zivilisationskrankheiten, denen eine unnatürliche Lebensweise zugrunde liegt, vor allem Bewegungsmangel, falsche Ernährung und immunschwächende Muster. Es fehlt an einem aktiven Körperbewusstsein, Alarmsignale werden meist überhört.
- Mit den Erkenntnissen der Quantenphysik und der Molekularbiologie wurde es erstmals möglich, blockierte Energieflüsse als Auslöser für Krankheiten zu bestimmen. Gleichzeitig wurde das Bewusstsein als »Schaltstelle« erkannt, das über Krankheit oder Gesundheit entscheidet – bis hin zur Struktur der Zelle und zur genetischen Ausstattung.
- Man kann sich krank denken und gesund denken. Für Ersteres steht die weitverbreitete Angst als massive Energieblockade, für das Zweite die erschaffende Kraft natürlicher

Schwingung, die man als Informationsträger der Gesundheit beschreiben kann.

- Spektakuläre Beispiele von Menschen, die dank ihres entwickelten Bewussteins Ansteckungsgefahren und sogar Strahlungsschäden abwehren konnten, belegen die elementare Funktion des Bewusstseins als gelenkte Energie. Gegen alle Wahrscheinlichkeit überstanden sie Extrembedingungen.
- Medium des energetischen Schutzes sind vor allem Visualisierungen. Sie bilden eine schützende Hülle, die allen Gefahren widersteht. Wichtig ist dabei, dass solche Schutzbilder energetisch durchlässig gedacht werden, um nicht wie Blockaden zu wirken.
- Dem Schutz voraus geht der Aufbau eines starken Energiefelds, das sich jederzeit im Austausch mit kosmischer Energie befindet. Dieses Energiefeld muss bewusst aufrechterhalten werden, durch Meditation und durch Situationen und Gegenstände, die Energieflüsse erleichtern.
- Man sollte ein persönliches Energieritual entwickeln, je nach Vorliebe oder Prägung. Wertvolle Medien dafür sind beispielsweise Kristalle oder Bäume. Sie sind in der Lage, Energie aufzunehmen, zu speichern und abzugeben – als Schwingungsinformation, die das individuelle Schwingungsmuster harmonisiert.
- Liegt eine Krankheit vor, so darf der betroffene Körperteil nicht isoliert oder mit negativen Gefühlen belegt werden. Sonst werden die Blockaden, die zur Erkrankung führten, noch stärker. Vielmehr muss es darum gehen, liebende Energie als reine Schwingung fließen zu lassen und die Krankheit als Teil des Ichs zu akzeptieren.

4. Energieritual
Sensibilisierung Ihres energetischen Potenzials

1 Bei diesem Energieritual geht es darum, dass Sie ein Gespür für Ihr Energiefeld und seine möglichen Defizite entwickeln. Daher empfehle ich Ihnen, es beim ersten Mal ausgeruht und an einem Tag durchzuführen, an dem Sie frei von Termindruck sind.

2 Suchen Sie einen Laden in Ihrer Nähe, in dem Edelsteine und Kristalle verkauft werden. Im Internet finden Sie leicht die einschlägigen Adressen. Achten Sie darauf, dass es ein Laden ist, in dem Sie sich spontan wohlfühlen. Er sollte nicht mit Klienten überfüllt sein, angenehm beleuchtet sein und klar wirken.

3 Schauen Sie sich in aller Ruhe in dem Laden um. Sagen Sie dem Verkaufspersonal, dass Sie ungestört eine Weile stöbern möchten. Lassen Sie sich nicht auf ein Beratungsgespräch ein, sondern konzentrieren Sie sich ganz auf die Botschaft der Steine.

4 Nehmen Sie die ausgestellten Steine bewusst wahr. Ihre Form, ihre Farbe, ihre Ausstrahlung. Verweilen Sie bei jedem Stein, der Sie »magisch anzieht«. Schauen Sie ihn genau an, dann schließen Sie die Augen und spüren in sich hinein. Halten Sie Ihre Hände im Abstand von etwa zehn Zentimetern über den betreffenden Stein.

5 Ihre Intuition wird Sie leiten. Richten Sie Ihr Interesse zunächst auf die großen Steine, da ihre energetische Aura leichter zu empfinden ist. Sie können später einen kleinen Stein derselben Sorte kaufen. Überlegen Sie, was der Stein

Ihnen erzählt. Ist es Stärke? Weisheit? Liebe? Fühlen Sie sich wohl in seiner Gegenwart?

6 Haben Sie keine Angst, mit Ihrem Verhalten merkwürdig auf andere zu wirken. Im Blickpunkt stehen nur Sie und Ihre Energien. Denn Sie werden wahrnehmen, dass ein oder zwei Steine Ihnen guttun. Auch wenn Sie nie bemerkt haben, dass Ihnen etwas »fehlt«, fühlen Sie spontan, welcher Stein oder Kristall Ihnen etwas gibt, das ein unerfülltes energetisches Muster ist.

7 Wenn Sie Ihre Wahl getroffen haben, kaufen Sie den Stein, der gleichsam energetisch zu Ihnen spricht. Reinigen Sie ihn zu Hause unter fließendem Wasser und legen Sie ihn dann in eine Salzlauge, die Sie mit grobem, unbehandeltem Meersalz zubereitet haben.

8 Nach zwei, drei Tagen nehmen Sie den Stein aus der Lauge und spülen ihn unter fließendem Wasser ab.

9 Nun beginnt der Prozess der Energetisierung. Es ist eine umfassende Wechselwirkung. Setzen Sie sich an einen ruhigen Ort und nehmen Sie Ihren gereinigten Stein in die Hand. Schließen Sie die Augen.

10 Stellen Sie sich den unendlichen kosmischen Energiefluss vor, der vom Universum in den Stein und von dort an Sie weitergeleitet wird. Es könnte gut sein, dass Sie das Gefühl haben, Ihre energetische Aura würde gleichsam an einer bestimmten Stelle »repariert«.

11 Machen Sie sich das Defizit bewusst, das in diesem Moment behoben wird. Ist es fehlende Selbstliebe? Eine emotionale Blockade, die Sie an der Energieaufnahme hinderte? Die Angst vor einer Krankheit? Spüren Sie in dieses Defizit hinein und atmen Sie aus. Geben Sie Ihre gesamte Energie

dem Universum zurück und empfangen Sie sofort neue Energie.

12 Behandeln Sie von nun an den Stein wie einen kostbaren Schatz. Machen Sie ihn zu Ihrem ständigen Begleiter, der Sie an die schützende energetische Aura erinnert. Wiederholen Sie das Energieritual regelmäßig.

5. HEILENDE ENERGIE – die Kraft der mentalen Selbstregulation

Nachdem wir die schützende Funktion eines intakten Schwingungsfelds betrachtet haben, geht es nun um Krankheiten und ihre Heilung im engeren Sine. Ich möchte Ihnen näher erläutern, warum wir durch unser energetisch entwickeltes Bewusstsein einen derart wirkmächtigen Einfluss auf unseren Gesundheitszustand nehmen können. Auf diesem Feld hat es in den vergangenen Jahren beeindruckende wissenschaftliche Fortschritte gegeben, die sich um den Begriff der Regulationsmedizin gruppieren.

Die Regulationsmedizin gehört zu den avanciertesten Richtungen der Medizin überhaupt. Sie hat gänzlich neue Ansätze in die Debatte gebracht. Viele verschiedene systemische Analysen und Heilmethoden haben sich mittlerweile unter dem Dach der Regulationsmedizin entwickelt. Sie basieren auf der Erkenntnis, dass Vorgänge der Autoregulation dafür verantwortlich sind, bestimmte Funktionen zu regulieren und Fehlfunktionen aufzulösen.

Grundsätzlich gilt auch hier, was Sie bereits in den vorhergehenden Kapiteln erfahren haben: Der Mensch ist ein System schwingender Energie. Oder, wie es der Biologe und

Systemtheoretiker Karl Ludwig von Bertalanffy zusammenfasst: »Biologische Systeme sind energetisch offen und daher in der Lage, mit ihrer Umgebung Energie und Materie auszutauschen. Sie zeigen keine Linearität, sondern komplexe Vielfalt, die einem biologischen Fließgleichgewicht unterliegt.«

Von Bertalanffy galt als einer der führenden Wissenschaftler, die neue Erkenntnisse beispielsweise zur Krebsforschung beitrugen, weil er die Biologie offener Systeme analysierte und den Begriff des Fließgleichgewichts einführte. Im Gegensatz zu geschlossenen Systemen der Physik – zu denen etwa mechanische Experimente gehören – formulierte er eine ganzheitliche Systemtheorie. Als deren Prinzipien nennt er Komplexität, Gleichgewicht, Rückkopplung und Selbstorganisation.

Unter dem Generalbegriff des dynamischen Gleichgewichts ordnet er das Fließgleichgewicht ein, da offene Systeme permanent über Wechselwirkungen mit ihrer Umgebung stabil bleiben. Ein weiterer Sonderfall ist das homöostatische Gleichgewicht, das sich durch sekundäre Regulation einstellt, aufgrund eines speziellen Informationssystems. Homöostase bedeutet wörtlich Selbstregulation. Es ist ein Prinzip, das allen lebenden Organismen zu eigen ist. Es beruht darauf, dass ein Funktionszusammenhang in sich besteht und dass es zusätzlich durch Reaktionen auf äußere Reize gesteuert wird. Ein Beispiel dafür ist die Reaktion des Körpers auf gesteigerte Anstrengungen. Dann beobachtet man den Anstieg von Blutdruck und Herzfrequenz sowie eine intensivere Atmung, um mehr Sauerstoff aufnehmen zu können.

Es liegt auf der Hand, dass wir solche Regulationen meist nicht willentlich vornehmen – wir atmen nicht bewusst schneller und tiefer, wenn wir eine Treppe hochsteigen, und auch unsere Herzfrequenz können wir nicht durch bloßen Willen beeinflussen. Ganz offensichtlich haben wir es mit einem Informationssystem zu tun, das unabhängig von unserem Willen existiert – und selbsttätig funktioniert. Andererseits müsste klar sein, dass wir bei Störungen der Autoregulation bewusst in das Informationssystem eingreifen sollten, um es wieder zu harmonisieren.

Im Folgenden werden wir daher die Bedingungen des informell-energetischen Austausches eingehender betrachten. Das geschieht unter dem Aspekt regulationstherapeutischer Verfahren. Zu ihnen gehören Therapien, die Ihnen möglicherweise bereits vertraut sind, wie Akupunktur, Osteopathie, Reflexzonenmassage oder Homöopathie, aber auch die psychoenergetischen Therapiemodelle, zu denen unter anderem die »Emotional Freedom Techniques« zählen. Wir können mittlerweile eine Vielzahl innovativer Methoden anwenden. Deren Verbreitung aber entspricht noch längst nicht ihrer hohen Relevanz für Gesunderhaltung und Heilung.

Unschätzbare Impulse für das Verständnis unseres energetischen Informationssystems kamen unter anderem von der Entdeckung der »subtile energies«. Darunter versteht man Energieformen, wie sie Ken Wilber erstmals kategorisierte. Wilber gilt in der Fachwelt als der »Einstein des Bewusstseins«, da er sich mit dessen Wesen eingehend auseinandersetzte. In seinem umfangreichen Werk versucht er, Philosophie, Naturwissenschaft und Spiritualität auf kreative Weise zu verbinden. Dabei geht es ihm um die »Integrale Transformation« des Menschen und seine Möglichkeiten, sich auf höchsten Bewusstseinsebenen zu bewegen.

Wie Physiker unterscheidet auch Wilber vier grobstoffliche physikalische Arten von Energie: starke und schwache nukleare Energie, Gravitation und Elektromagnetismus. Er grenzt sie ab gegen die subtilen Energien, etwa den sogenannte »élan vital« – die Lebenskraft – und die ätherische Energie. Diese sind dadurch charakterisiert, dass sie nicht lokal wirken, sondern selbst über weite Entfernungen nachweisbare Einflüsse ausüben. Subtile Energien bedürfen somit nicht der direkten Einwirkungsmöglichkeit, wie sie etwa vorliegt, wenn zugeführte Wärmeenergie die Temperatur eines Körpers oder Gegenstands erhöht.

Zu den subtilen Energien gehören auch jene Kräfte, die beispielweise bei Fernheilungen wirksam werden, bei denen also Patient und Heiler geografisch weit voneinander entfernt sein können. Sie wirken über große räumliche Distanzen hinweg, sind nicht an einen materiellen Körper gebunden und entsprechen recht genau dem, was wir als universale kosmische Energie bezeichnen.

Warum nun entfalten subtile Energien eine derartige Wirkmacht? Für die Beantwortung der Frage gibt es zwei Möglichkeiten. Eine Erklärung schlägt den quantentheoretischen Weg ein. Sie geht davon aus, dass mentale Intentionen die Materie auf der Ebene der Quanten und Subquanten faktisch verändert und daher das Quantenpotenzial nutzen. Subtile Energien hingegen meinen unstoffliche mentale und psychische Energien, die deshalb als ätherisch bezeichnet werden. Mit großer Wahrscheinlichkeit haben wir es bei energetischen Prozessen stets mit beiden Formen zu tun – also Energien, die weit unter der grobstofflichen Ebene wirken, und solchen, die sich in Dimensionen weit darüber bewegen.

Untersuchungen, die sich mit den Erfolgen von Heilern beschäftigen, halten es für sicher, dass beides dabei wirksam wird. Bleiben wir einen Augenblick bei der Fernheilung. Über ätherische, also subtile Energien kann ein Heiler die mentalen Regulationskräfte des Patienten aktivieren. Anschließend kann die verinnerlichte Absicht des Betroffenen, gesund zu werden, auf der Quantenebene unmittelbar eine Heilung hervorrufen. Festzuhalten bleibt jedoch, dass jeder Mensch über diese Energietypen verfügt und sie in den Dienst der Heilung beziehungsweise Regulierung stellen kann.

Interessanterweise lässt sich hier einmal mehr eine Brücke zu traditionell spirituellen Theorien schlagen. Ihnen ist bereits vertraut, dass sie maßgeblich auf Energiesystemen beruhen. Eine besonders ausgefeilte Theorie thematisiert spezifische Energiezentren des Körpers, Chakren, die besondere Aufgaben haben und qua Meditation in Fluss gebracht werden. Physisch könnte man sie als Schaltstellen des zentralen Nervensystems beschreiben, doch ihre Funktion geht weit über die Physis hinaus – sie sind Träger von subtilen Energien.

Das Wort »Chakra« stammt aus dem Sanskrit und ist ein Synonym für das Rad. Man stellt sich vor, dass die Chakren wie Räder in einer stetigen Drehbewegung im Uhrzeigersinn begriffen sind. Auf diese Weise strahlen sie feinstoffliche Energie aus, die sich auf den Körper und das Bewusstsein auswirken. Letztlich sind Chakren Informationszentren, analog zum informellen Charakter der Energie, die uns Menschen mit dem Kosmos verbindet. Zugleich sind sie die Schnittstellen, an denen wir universale Energien aufnehmen und unsere spirituelle Evolution verwirklichen.

Man unterscheidet sieben Chakren, die an der Wirbelsäule entlang verlaufen. An erster Stelle steht das Mooladhara-Chakra, dem man kindliche Unschuld und Weisheit zuordnet. Das Swadisthana-Chakra ist für Kreativität und reines Wissen zuständig. Das Nabhi-Chakra steht für Frieden, Rechtschaffenheit und Meisterschaft. Das äußerst wichtige Herz-Chakra erzeugt die Energie der Liebe, des Mitgefühls und Vertrauens. Das Vishuddhi-Chakra vertritt das Urprinzip Kollektivität, Wahrhaftigkeit und Zeugenschaft. Das Agnya-Chakra ermöglicht Vergebung und Gedankenfreiheit, und das siebte, das Sahastrara-Chakra, ermöglicht uns die Verbindung mit dem Göttlichen qua Meditation.

Alle Chakren sind Medien unseres subtilen Energiesystems. Durch Konzentration und Bewusstheit kann es uns gelingen, die Chakren und damit Geist und Seele – sowie logisch folgend auch den Körper – in eine harmonische Schwingungsfrequenz zu versetzen, die der des Kosmos entspricht. Der Chakra-Harmonisierung geht eine Diagnose voraus, die gleichsam einer energetischen Wahrnehmung der Chakren und ihrer Aufgaben entspricht. Im weitesten Sinne spricht man daher auch von »geistiger Heilung« im Unterschied zu rein körperlichen Therapiemethoden. Es kommt also ganz darauf an, das Bewusstsein für die Existenz der Chakren zu sensibilisieren, ohne technische Hilfsmittel oder manuelle Eingriffe.

Grundlegend ist die Annahme, dass die Chakren geöffnet sein müssen und nicht geschlossen. Auch hier kann es zu typischen Blockaden kommen, deren Ursache auf der geistig-seelischen Ebene zu suchen sind. Anerzogene Verhaltensweisen,

Vorurteile oder fremdbestimmte Wertvorstellungen überlagern häufig unser subtiles energetisches Informationssystem und unterbinden seine Funktion. Man kann sich das leicht vergegenwärtigen, wenn man etwa das Herz-Chakra betrachtet, das uns zu Liebe, Mitgefühl und Vertrauen befähigt. Wohl jeder würde mir zustimmen, dass gerade diese emotionalen Werte heute am dringlichsten fehlen.

Sind die Chakren geschlossen und werden damit die Informationsflüsse quasi gestoppt, zieht das auch somatische Störungen nach sich. Typisch sind Verspannungen und Fehlhaltungen, die zu den weitverbreiteten Rückenbeschwerden führen, die ich im vorangehenden Kapitel erwähnte. Aber auch eine Vielzahl weiterer Krankheiten haben hier ihre Wurzel. Die Chakren-Diagnose, die man übrigens unter fachkundiger Anleitung durchführen sollte, ist daher eine ganzheitliche Betrachtungsweise des Menschen und eine Chance, Energie in allen ihren Dimensionen wieder in Fluss zu bringen.

Wenden wir uns nun weiteren traditionellen Heilmethoden zu. In der traditionellen chinesischen Medizin wird das Augenmerk auf die Meridiane gelegt, auf Energielinien, die sich symmetrisch den Körper entlangziehen. Es sind energetische Leitbahnen, ein System von Kanälen, durch die die Lebensenergie Qi fließt. Die Chinesen nennen zwölf Hauptkanäle, die jeweils mit einem Körperorgan energetisch kommunizieren: mit Magen, Milz, Herz, Dünndarm, Blase, Nieren, Kreislauf-Sexus, Schilddrüse, Gallenblase, Leber, Lunge und Dickdarm. Alle Meridiane sind überdies miteinander verbunden, über einen kontinuierlichen, hierarchisch gestuften Energiefluss.

Therapeutisch kann man dieses Wissen umsetzen, indem an bestimmten Punkten eine Stimulation von außen erfolgt, etwa durch Akupunktur, Akupressur oder Klopfen. Das ist immer dann angezeigt, wenn es zu Blockaden gekommen ist. Einmal mehr möchte ich hier darauf hinweisen, dass auch Elektrosmog ein wirkmächtiger Auslöser solcher Blockaden sein kann. Die hoch- und niederfrequenten Einflüsse von Handys und Computern blockieren die Regulationsfähigkeit der Meridiane aufs Empfindlichste. Man sollte überdies bedenken, dass Computer und Fernseher noch vier Stunden, nachdem man sie ausgestellt hat, weiterhin diese widernatürlichen Frequenzen ausstrahlen.

Eine der faszinierendsten neuen Perspektiven stammt aus der »energetischen Psychologie«. Es sind die »Emotional Freedom Techniques«, kurz EFT genannt. Ihre Wirkungsweise knüpft an die Erkenntnisse über die Meridiane an und kann auf sehr überzeugende Heilerfolge bei Stress, psychischen Störungen aller Art und besonders Phobien verweisen. Durch die Stimulation von Energiefeldpunkten, die als Akupressurpunkte bekannt sind, hat sich eine umfassende Energetisierung und Harmonisierung bei unzähligen Patienten eingestellt.

Der Begründer von EFT, der Amerikaner Gary Craig, nahm dezidiert Bezug auf die Interpretation des menschlichen Körpers und Geistes als Energiesystem, wie sie die traditionelle chinesische Medizin vertritt. Insofern konnte er sich aus den Denkstrukturen der klassischen Psychologie befreien und auf ihre analytischen Methoden verzichten. Nicht mehr die individuelle Psyche steht nun im Vordergrund, sondern unterbrochene Energieflüsse. Sie sind dafür verantwortlich, wenn Personen von negativen Emotionen überwältigt werden und Ängste oder Depressionen entwickeln. Dementsprechend analysiert Craig nicht biografische Prägungen wie Traumata, sondern arbeitet ausschließlich daran, die blockierten Energieflüsse wiederherzustellen.

Seine Therapie besteht darin, dass der Patient sich mental vollkommen auf sein Problem konzentriert. Gleichzeitig werden bestimmte Meridianpunkte massiert oder durch sanftes Klopfen gelockert. Die Effektivität dieser Methode erstreckt sich auf die Linderung der unterschiedlichsten psychischen Verstimmungen, von Stress bis Panik, Wut, Schuldgefühlen und Traumata. Parallel dazu verschwinden körperliche Beschwerden wie chronische Schmerzen und Allergien.

Wie aber kann das im Einzelnen ablaufen? Einige wissenschaftliche Details, die zum Basiswissen der Regulationsmedizin gehören, halte ich für so grundlegend, dass ich sie Ihnen nicht vorenthalten möchte. Wenn Sie verstehen, welche Fakten inzwischen den Forschungsstand untermauern, können Sie sich weit vorurteilsfreier auf die Theorie der Selbstheilung einlassen. Sie ist weder eine esoterische Mode noch ein Randphänomen, sondern eine konkrete Perspektive, die uns zur Verfügung gestellt wird.

Zunächst möchte ich an dieser Stelle an einen Pionier erinnern, dessen Leitsätze richtungweisend sind: »Ein aus dem Rhythmus geratenes System ist ein archetypisches Merkmal von Krankheit. Die Überführung in den ursprünglichen, naturgemäßen Grundzustand nennen wir Heilung«. Der Satz stammt von Rudolf Virchow. Er trägt das Gütesiegel eines Mannes, der als einer der Ersten die ganzheitlichen Zusammenhänge in seine Forschung einbrachte. Es ist sein Verdienst, dass er damit den philosophisch untermauerten Dualismus von Geist und Körper rückgängig machte.

Zu Virchows Zeit war das völlig neu und wirkte revolutionär. Doch er war überzeugt: Betrachten wir den Menschen in seinem »naturgemäßen Grundzustand«, so werden wir nicht umhinkommen, ihn ganzheitlich zu sehen. Sofern wir ihn nur in seinen einzelnen Aspekten analysieren, nehmen wir hierdurch eine willkürliche Trennung vor. Diese Trennung verbirgt den ganzheitlichen Grundzustand des Menschen und somit den Weg zu einer nachhaltigen Heilung.

Heute wissen wir, dass eine rein palliative Medizin von keiner umfassenden Heilung gekrönt sein kann. Eine symptomatische Therapie grenzt die Ursachen einer Krankheit geradezu aus. Bedauerlicherweise hat die Schulmedizin ein widernatürliches Denkmodell der Biologen übernommen – die Ausgrenzung des Geistes aus der Materie. In der Interpretation traditionalistischer Biologen stellte der Bereich des »Bios« deshalb lediglich mechanische Funktionsmodelle dar. Dem Bios wurde quasi der geistige Überbau abgesprochen.

Diese Sichtweise wurde inzwischen von zahlreichen Forschern widerlegt. Seit den Studien von Benjamin Libet kommt niemand mehr an ganzheitlichen Betrachtungsweisen vorbei. Der Neurologe Libet lehrte und forschte unter anderem mit John Eccles in Canberra. Seine Überlegungen kreisten hauptsächlich um die menschliche Willensfreiheit. Lange war man davon ausgegangen, dass der Mensch einem Determinismus unterliege, dass also echte Handlungsspielräume nicht existierten. Die Konsequenz wäre, dass wir uns ausschließlich nach vorgegebenen Naturgesetzen verhalten, die wir vielleicht reflektieren, aber nicht überschreiten können.

Libet war gläubiger Katholik und lehnte schon deshalb solch einen Determinismus ab. Er wollte vielmehr die Existenz des »freien Willens« beweisen. Er war einer rein geistigen Entscheidungskraft auf der Spur, die den Abläufen in unserem Gehirn und damit unserem Handeln eine willentliche, durch keinen Naturdeterminismus festgelegte Richtung zu geben vermag.

Was Libet allerdings herausfand, war scheinbar das Gegenteil seiner Erwartungen. Zwei Sekunden, bevor Versuchspersonen den bewussten Entschluss zu einer einfachen Bewegung fassten, zeigten sich im Gehirn bestimmte Aktivitätsmuster, die man »Bereitschaftspotenziale« nennt. Zumindest in ihren späten Phasen konnte man anhand der Bereitschaftspotenziale eine Bewegung verlässlich vorhersagen. So gesehen, hätte dann das elektrochemische Gehirn entschieden, was getan wird. Und es liefert den freien Willen hierzu nach, der damit zu einer »Illusion« wird. Willensfreiheit wäre somit die Vorspiegelung falscher Kausalverhältnisse.

Die Interpretation dieser Ergebnisse lassen aus Sicht mancher Gehirnforscher folgenden Rückschluss zu: Die Absicht zu handeln entspringt einer Aktivität, die nicht Teil unserer bewussten Wahrnehmung ist. So lehrt Wolf Singer, Direktor am Max-Planck-Institut für Hirnforschung in Frankfurt, seine Schüler: »Alles Verhalten – auch unsere Entscheidungen – sind den neuronalen Vorgängen nachgängig.« Und: »Es existiert kein mentales Agens, also das, was unsere Entscheidungen trifft.«

Wenn unser Denken sich auf derartige Modelle einlässt, darf man sich über ein gewisses Unbehagen nicht wundern.

Wir bemerken sofort eine Diskrepanz zwischen dem solcherart definierten Determinismus und dem Wirkaspekt unserer geistig-seelischen Quellen. Die jedoch scheinen nicht durch ein technisches Messverfahren beweisbar zu sein. Das »geistige Agens« – wie Wolf Singer es nennt – ist offenbar von immaterieller Natur.

Ein weiteres Hindernis auf der Suche nach der menschlichen Ganzheitlichkeit war generell die Herangehensweise der Naturwissenschaftler. Deren Grundausrichtung beschränkt sich auf Funktionen und Wirkungen von Naturvorgängen. Hier steht das »Wie« im Vordergrund der Suche nach Weltendeutung. Ihre Denkstruktur basiert auf dem »Verzicht von Galileo«, wurde also ausgelöst durch den Gründer der modernen Naturwissenschaft, Galileo Galilei. Denn die Reduzierung auf das »Wie« eines Naturvorganges unter Vernachlässigung des »Warums« und des »Wesens« stellt philosophisch betrachtet einen Verzicht dar.

Letztlich baut die gesamte Naturwissenschaft und Technikwissenschaft auf solch einem methodischen Verzicht auf. Erschwerend kommt ein besonderes Denkwerkzeug hinzu, die Alternativlogik. Sie wurde durch Aristoteles begründet und umschreibt ein Verfahren, bei dem man sich wahlweise nur mit Qualitäten oder mit Quantitäten beschäftigt.

Wenn man Quantitäten untersucht, geschieht das durch Vergleichen von Mengen, die entweder gleich oder verschieden, kleiner oder größer sein können. Mit dieser Alternativlogik können wir maximal einen Aspekt der Natur beschreiben – was besonders bei der Beschreibung des Menschen zu kurz greift. Denn durch die Reduktion auf den Aspekt der Quantitäten werden die Qualitäten vollständig vernachlässigt. Deshalb spricht man auch von der aristotelischen Entweder-oder-Logik.

Die Quantifizierung wurde im Laufe der Geschichte bekanntlich zur Königsdisziplin der Naturwissenschaften. Messungen und statistische Auswertungen gehören zu ihrem objektiven Anspruch und zu ihrer fachlichen Legitimation. Experimentell und empirisch geht es deshalb vorzugsweise um Datenauswertungen und statistisch gesicherte Formeln. Dabei wird allerdings vernachlässigt, dass Qualitäten der Wesenskern geistiger Lebendigkeit sind. Sie erst machen den Menschen menschlich.

Nun rufen Sie sich Ihren letzten Arztbesuch in Erinnerung. Sicherlich wurde dabei allerlei gemessen: Ihr Blutdruck, Ihre Herzfrequenz, vielleicht auch die Anzahl von Makrophagen in Ihrem Blut, Ihr Cholesterinwert und vieles mehr. Verstehen Sie, worauf ich hinauswill? Die Schulmedizin achtet vorrangig auf Quantitäten und versucht, daraus eine Diagnose zu extrapolieren, ganz im Sinne der aristotlischen Alternativlogik, die nur jeweils einen Aspekt in Betracht zieht. Als Patient sind Sie dementsprechend eine Summe verschiedenster Messdaten, deren Abweichung vom Normwert eine Diagnose nach sich zieht.

Das Gegenmodell ist die Auseinandersetzung mit Qualitäten – sie ermöglichen eine Bewertung des Inhalts von Mengen. Eine Rose zum Beispiel kann quantitativ genau beschrieben und vermessen werden, ihre naturgegebene Schönheit jedoch ist nur durch das Einbeziehen von Qualitäten möglich. So sind alle unsere emotionellen Wahrnehmungen durch Qualitäten erfahrbar. Das leuchtet unmittelbar ein. Während Quantifizierungsvorgänge grundsätzlich auf der Angabe von Mengeninhalten beruhen, müssen Informationsinhalte qualitativ bewertet werden. Um die Komplexität des Systems Mensch mit allen Quantitäten und Qualitäten beschreiben zu können, bedarf es daher einer offen aspektbezogenen Logik.

Doch was hat Ihnen ein Arzt jemals über die Qualität Ihres allgemeinen Gesundheitszustandes berichtet, als er Ihre Werte interpretierte? Angenommen, Ihr Cholesterinwert war zu hoch. Dann wird er Ihnen vermutlich blutfettsenkende Mittel verordnet haben und eine cholesterinarme Diät. Er wird Sie jedoch nicht gefragt haben, warum Sie gern tierische Fette zu sich nehmen, welche emotionale Funktion das Essen für Sie hat und ob Sie Wert auf eine energetisch ausbalancierte Esssituation legen. Mit anderen Worten: Die Messung hat zur Folge, dass es rein um die Normalisierung von Messwerten geht, nicht um ganzheitliche Ursachenerforschung oder regulative Heilung.

Die Absurdität einer Fixierung auf quantitative Daten betrifft im Besonderen originäre Denkvorgänge und schöpferisches Handeln. Schon der gesunde Menschenverstand sagt uns, dass Messdaten hier wenig weiterhelfen. Keine aufwendige Messung von Gehirnströmen kann ursächlich erklären, warum der eine Mensch depressiv und antriebslos ist und der andere energetisiert und schöpferisch. An dieser Stelle kommen andere Parameter ins Spiel, Bewusstsein und Intellekt, Kreativität und Reflexion. Wie aber kann man eine tragfähige Informationstheorie formulieren, die Denkprozesse schlüssig erklärt?

Der Physiker Burkhard Heim machte einen radikalen Schritt hin zu einer völlig neuen Sichtweise. Er erweiterte die

Alternativlogik durch eine polyvalente, also mehrwertige Logik. Heim nennt sie »Syntrometrie«. Indem er beide Logikstrukturen zur Beschreibung der belebten Naturvorgänge einsetzt, also Quantifizierung und qualitative Bestimmung, ist er in der Lage, dem Anspruch auf Ganzheitlichkeit sinnvoll zu entsprechen.

Auf diese Weise rückte die Bedeutung von Information ins Zentrum der Wahrnehmung. Die Erkenntnis, dass Information eine mindestens ebenso große Wertigkeit hat wie Masse und Energie, verdanken wir den amerikanischen Forschern C. E. Shannon und W. Wever, die unter anderem auf Arbeiten des deutschen Nachrichtentechnikers K. Küpfmüller aufbauten. Aus der shannonschen Informationstheorie folgt, dass es technisch möglich ist, ein sehr schwaches Signal, das von zahlreichen größeren Störsignalen überdeckt wird, zu erkennen – eine Fähigkeit, die unser Organismus mit noch viel größerer Fertigkeit beherrscht als die heutige Elektronik.

Schauen wir uns einmal genauer an, wie solche Prozesse ablaufen. Der Informationsfluss im menschlichen Körper wird zunächst durch das vegetative und das Zentralnervensystem aufrechterhalten, unterstützt vom Blut- und Lymphkreislauf. Doch das sind nur zwei von vielen Ebenen. Vielmehr existiert zusätzlich ein in der Schulmedizin kaum bekanntes Informationsnetz. Es ist nicht primär an bestimmte materielle Substanzen gebunden, reguliert aber alle körperlichen und seelisch-geistigen Vorgänge.

Noch immer tun sich viele Naturwissenschaftler schwer mit der Analyse des menschlichen Informationssystems. Der Grund ist ihr historisches Erbe. Die heute gelehrte Physik hat ihre Ursprünge in den Theorien antiker Denker. Die Physik wurde in der klassischen griechischen Reflexion als Teilgebiet der Philosophie verstanden. Sie markierte aber – etwa in der maßgeblichen Systematik und Durchführung bei Aristoteles und später bei Immanuel Kant – einen eigenständigen Erkenntnisbereich und eine methodische Selbstständigkeit.

Haltbar war diese Definition von Physik nur, wenn man vom Dualismus ausging, der theoretischen Trennung von Leib und Seele, Materie und Geist. Leib und Materie waren dann zwangsläufig »geistlose« Phänomene, während Seele und Geist in einer übergeordneten Sphäre lokalisiert wurden. Dazu gehört auch der Äther, der in der aristotelischen Elementenlehre das Medium der gleichmäßigen Bewegung der Gestirne ist. Insofern wird hier eine Energieform bestimmt, die außerhalb der Materie zu finden ist und diese bewegt. Ein diametraler Gegensatz also zu der quantenphysikalischen Erkenntnis, dass alles Energie ist, auch das, was wir als Materie bezeichnen.

Die willkürliche analytische Trennung der aristotelischen Physik wirkt bis heute nach. Und die Wissenskrise von Physik und Biologie tritt denn auch besonders deutlich zutage in der Rückkehr des »Äther-Problems« für die Physik und in der Rückkehr des »Leib-Seele-Problems« für die Biologie. Insofern kamen beide Wissenschaften an analytische und methodische Grenzen, wenn es um den Begriff der Information ging. Unorthodoxe Forscher dagegen formulierten die Schlussfolgerung, dass »Information« eine die energetisch definierte Materie gestaltende Grundkraft darstellt, die auf Wechselwirkungen beruht.

Als Biophysiker habe ich althergebrachte Grenzziehungen längst überschritten. Ich verstehe meinen Fachbereich in seiner ureigenen Form als die zusammengefasste Lehre von Bios und Physis. Bios entspringt dem altgriechischen Wortstamm von βίος, »Leben«. Hingegen ist die Physik (griechisch φυσικ θεωρία, physike theoria, »Naturforschung«, und lateinisch physica, »Naturlehre«) die grundlegende Naturwissenschaft in dem Sinne, dass ihre Gesetze alle Systeme der Natur beschreiben.

Die Zusammenführung dieser beiden Beschreibungsmodelle des Seins wird dadurch ermöglicht, dass neben Physis und Bios außerdem Psyche und Pneuma einbezogen werden. Die Grundlagenforschung zu diesem Modell offeriert uns der Ausnahmephysiker Burkhard Heim. Er entwickelte ein System, das Herz und Verstand vereint. Nach Heim umfasst die Physis alles, was in den Bereich der Physik fällt, also Materie, Energie und Gravitation. Bios umfasst den Bereich des lebenden Organismus mit seiner aktiven Selbstgestaltung. Die Psyche steht für den Erlebnisbereich von Empfinden und Fühlen, das Pneuma für den Bereich des Geistigen wie Denken, Reflexion, Intuition, Kreativität und Weisheit.

Einmal mehr war es die Quantenphysik, die für weiteren Aufschluss sorgte. Aus ihren Experimenten konnte man folgern: Die messbaren Schöpfungseinheiten, von den Elementarteilchen und Galaxien bis zu den Organismen samt allen Wechselwirkungen, sind in einen überall gegenwärtigen Vakuum-Quantenschaum eingebettet. Der Physiker Kip S. Thorne verweist auf das sogenannte Quantenbrodeln an jedem Raum-Zeit-Punkt. Er schreibt: »Der Quantenschaum ist allgegenwärtig: im Innern eines schwarzen Lochs, im interstellaren Raum, in dem Zimmer, in dem Sie gerade sitzen und im Innern Ihres Gehirns.«

Der »Quantenschaum« hat eine allseits präsente Schnittstelle, die durch sogenannte Planck-Größen bestimmt wird. Diese Größen verschleiern eine latente feinere Wirklichkeit, die unsere sicht- und messbare Realität mehrdimensional durchdringt. Burkhard Heim und Walter Dröscher errechneten daraufhin ein zwölfdimensionales Weltmodell, in dem unsere Raum-Zeit eingebettet ist. Ein übergeordneter Raum – Hyperraum – wird dabei mathematisch mit Dimensionen belegt, die unsere bekannten Raum-Zeit-Dimensionen umschließen.

Innerhalb der zwölf Dimensionen sind sämtliche Seins-Stufen enthalten: Pneuma, Psyche, Bios und Physis. Während des Denkvorgangs nun koppeln wir uns an einen Informationsraum an, den Burkhard Heim der Dimension X7 und X8 in seinem zwölfdimensionalen System zuordnet. So wird das Rätsel des Informationsaustausches gelöst, das bis dahin weder von der konventionellen Physik noch von der Biologie erhellt werden konnte. Heim kommt zu dem Schluss: Bei allen Denkvorgängen rufen wir unsere Geistesinhalte aus dem Bereich des Hyperraums ab, der außerhalb jeder Zeitlichkeit liegt.

Dies ist der Grund, warum Informationen niemals verloren gehen. Vergleichbar spricht Rupert Sheldrake vom morphogenetischen Informationsspeicher, der jedem Lebewesen zugänglich ist. Ähnlich verhält es sich auch mit der Akasha-Chronik. All diese informationstheoretischen Modelle basieren auf der empirischen Beobachtung, dass es ein übergeordnetes Wissen gibt, unabhängig von Raum und Zeit, das jederzeit abgerufen werden kann. Man muss dieses Wissen also nicht durch Lernen oder Erfahrung erwerben – es ist da und wartet darauf, dass wir es nutzen.

Selbst was auf der Bühne des vierdimensionalen Einstein-Raumes erscheint, beispielsweise alle atomar-molekularen Gebilde bis hin zu den »sichtbaren« Organismen, gilt bei Heim als Projektion aus dem Hyperraum. Ihre Gestalt und Funktion kann daher nicht aus den vier physikalischen Wechselwirkungen kausal erklärt werden. Weder die Gravitations-Wechselwirkung noch die elektromagnetische Wechselwirkung oder schwache und starke Nuklearkraft sind ursächlich an diesen Manifestationen beteiligt.

Ich bin davon überzeugt, dass heute alle Bio-Wissenschaften einer anspruchsvollen Paradigmenerweiterung in die Hyperraumkonditionen bedürfen. Die neue kosmologische und ontologische Physik bietet uns ein Interpretationsmodell, welches uns aus der seelen- und geistlosen Naturwissenschaft entlässt. Es erschließt sich uns ein ganzheitlich definierter Bereich, in dem wir unsere naturgegebene Sinnhaftigkeit und unseren Platz im Kosmos erkennen.

Erst eine derartige Erkenntnis befähigt uns auch, das Wirkprinzip von Gesundheit und Heilung zu durchschauen. Dies ist der Ausgangspunkt, von dem aus wir den elementaren Sinn einer Krankheit verstehen können. Denn sie zeigt uns nicht nur Symptome, sie zeigt gleichermaßen auch ex negativo den Heilungsweg. Das Prinzip Krankheit entspringt also einem Informationstransfer aus dem Hyperraum, der zugleich Lösungen vorschlägt. Die Krankheit hält uns vor Augen, dass wir widernatürlich leben und daher abweichend schwingen. Sie ist ein Indikator, ein Weckruf gewissermaßen, der uns zugleich mit lebenswichtigen Informationen über uns selbst und unseren Status versorgt.

Diagnose und Heilung erscheinen unter diesem Aspekt in einem ganz neuen Licht. Eine umfassende Umwertung findet statt. Krankheit ist dann keine Bedrohung mehr, sondern im Gegenteil die lebenswichtige Chance auf Korrektur, die uns der Hyperraum anbietet. Er hält gewissermaßen das Gegengift im Gift für uns bereit. Für die Medizin bedeutet das ein radikales Umdenken. Jeder Arzt, der seinen hippokratischen Eid ernst nimmt, wird daraufhin seinen Patienten auffordern, seine persönlichen Disharmonien und Dissonanzen zu durchdringen und dadurch aufzulösen.

Ganzheitliche Medizin umfasst daher diagnostisch die ganze Komplexität des energetischen Informationssystems Mensch. Es ist verblüffend, Krankheiten daraufhin zu befragen, welche Informationen sie enthalten. Von führenden Onkologen habe ich gehört, dass die meisten Krebspatienten eine Gemeinsamkeit haben, die sich nicht auf das Vorhandensein von Tumorzellen beschränkt. Als kardinale Risikofaktoren nennen sie vielmehr fehlende Selbstliebe und fehlenden Glauben. Das sind Parameter, die einem Schulmediziner wohl nur ein Achselzucken entlocken würde. Wenn er sie überhaupt als Option anerkennt, fühlt er sich nicht dafür zuständig.

Ich habe viel über diese Schlüsseldefizite nachgedacht – die fehlende Selbstliebe und den fehlenden Glauben. Auf den ersten Blick können wir sehen, dass diese grundsätzliche Ursachenbestimmung der Onkologen weit über den üblichen psychosomatischen Theorien steht. Nicht Neurosen und Traumata sind das Thema, sondern der Mensch als Ganzes –

wie er kosmisch gemeint ist und wie er durch zivilisatorische Bedingungen verkümmert. Der Kontrast von kosmischer Bestimmung und faktischer Existenz markiert also die Linie, die Krankheit und Gesundheit trennt.

Sie erinnern sich: Im vorangehenden Kapitel hatte ich betont, dass es nicht die guten Vorsätze sind, die uns eine gesunde Lebensweise nahelegen, sondern ein energetisch entwickeltes Bewusstsein. Glaube und Liebe sind unter diesen Vorzeichen zentrale Vermögen der menschlichen Existenz und die Manifestation unserer Verbindung mit der erschaffenden kosmischen Energie. Beides unterscheidet uns von Tieren, da beides das Bewusstsein für höhere Dimensionen voraussetzt. Warum aber haben wir den Kontakt zu diesen Grundfesten des Kosmisch-Menschlichen verloren?

Widmen wir uns zunächst der Selbstliebe. Sie ist ein Zustand der völligen Kongruenz mit sich selbst. Wir akzeptieren uns in allen Facetten, mit allen Eigenheiten, seien sie körperlicher oder seelisch-geistiger Natur. Nicht von ungefähr sagt man über einen Menschen, der sich selbst liebt, dass er in sich ruht. Selbstliebe ist höchstes Selbst-Bewusstsein. Ich kann mich in meinem gesamten Spektrum positiv erfahren, da ich mich als kosmisches Geschöpf betrachte, mit dem Auftrag, mich täglich zu bejahen und neu zu erschaffen. Wer sich dagegen hasst, wird unbewusst alles tun, um sich zu zerstören.

Unter liebenden Voraussetzungen versorge ich mich durch Meditation und erschaffende Gedanken permanent mit Energie. Ich bin im Fluss und kann im gleichen Atemzug Liebe geben. Im biblischen Satz: »Liebe deinen Nächsten wie dich selbst« schwingt dies mit. Um Liebe zu leben, müssen wir die

Erfahrung der Selbstliebe machen. Wer sich dagegen selbst ablehnt, ist blockiert und kann sich auch einem anderen Menschen nicht öffnen. Er ist unfähig zur Liebe.

Die Ursachen einer energetischen Blockade der Selbstliebe sind vielfältig. Zum einen wird Selbstliebe häufig mit Egoismus verwechselt. Wir unterstellen, dass ein sich selbst liebender Mensch selbstsüchtig und ignorant anderen gegenüber sei. Daher werden wir schon während unserer Kindheit nur zu oft aufgefordert, uns »nicht so wichtig zu nehmen«. Im Klartext bedeutet das allerdings Unterordnung und Anpassung statt Entfaltung. So haben wir früh das Gefühl, nicht »richtig« zu sein, weil wir dem vorgegebenen Ideal nicht entsprechen. Ein Leidensdruck entsteht, den wir mit freiwilliger Selbstdeformation lindern wollen, während wir in Wahrheit jedes Gespür für uns verlieren.

Im Erwachsenenalter potenziert sich diese negativ verschobene Selbstwahrnehmung. Unablässig werden wir mit weiteren Idealen konfrontiert, sei es mit Schönheitsidealen, mit Leistungsvorgaben oder gesellschaftlichen Normen. Individualität wird als Manko gesehen, weil sie uns angeblich an der sozialen Kompatibilität hindert. Unaufhörlich wenden wir dann den Konflikt zwischen Vorgabe und Istzustand gegen uns selbst. Wir verändern unseren ungeliebten Körper durch Diäten oder umgeben ihn mit einer vermeintlich schützenden Fettschicht. Wir arbeiten mehr, als uns guttut, weil wir unsere Leistungsfähigkeit beweisen wollen.

Dabei haben viele von uns das Gefühl, Hochstapler zu sein, die ihr wahres Ich verbergen müssen. Ich habe viele Menschen getroffen, die einen mehr oder weniger verhohlenen Selbsthass hegen, weil sie meinen, dass sie weder liebenswert seien noch Anerkennung verdienten. Nach außen hin können sie vielleicht eine selbstbewusste Fassade aufbauen, innerlich aber vergehen sie vor Selbstzweifeln und Hass. Dass sie damit unfähig werden, Beziehungen aufzubauen, wundert nicht.

Bestätigt wird diese Tatsache beispielsweise von einer bundesweiten Untersuchung in psychotherapeutischen Praxen. Durchgeführt wurde sie von der Gesellschaft für wissenschaftliche Gesprächspsychotherapie (GwG), dem größten bundesdeutschen Fachverband für Psychotherapie und Beratung, mit gut 5500 Mitgliedern. Anlass der Studie war die wachsende Zahl von Singles, die wegen psychischer Verstimmungen die Hilfe von Psychotherapeuten in Anspruch nahmen.

Das Ergebnis der Studie wurde unter der Überschrift »Singles leiden an fehlender Selbstliebe« veröffentlicht. Die Gesprächspsychotherapeutin und Diplompsychologin Dr. Christa Frielingsdorf-Appelt erklärte dazu: »Fehlende Selbstliebe ist eines der Hauptthemen in der Arbeit mit Singles.« Genau darauf müsse Therapie reagieren: »Wenn Singles in einem oft komplizierten Prozess erfahren, wie sie liebenswert sind und sich selbst akzeptieren können, ist das oft der Anfang eines selbsterfüllten Lebens«, so die Psychotherapeutin. Fehlende Selbstliebe dagegen behindere stets auch die Liebe zu anderen Menschen und ziehe unweigerlich somatische Störungen nach sich.

Ich muss gestehen, dass ich eine gewisse Skepsis hege, dass eine Gesprächstherapie hier Abhilfe schaffen könnte. Selbstliebe kann nicht erlernt werden. Sie ist eine Energie, die nur im Kontext einer bewussten Arbeit mit kosmischer Energie fließen kann. Wer sich aufgehoben weiß im unendlichen Energiestrom und verinnerlicht, dass er ein sinnvoller, notwendiger Teil des Ganzen ist, wird sich mit Grund lieben können, und nicht, weil er dann vielleicht etwas besser seine Probleme meistert.

Selbstliebe heißt nichts anderes als bedingungslose Liebe zu sich selbst. So wie wir die Energie des Kosmos bedingungslos schätzen und uns von ihr durchströmen lassen, sollten wir auch uns selbst als liebenswerten Teil der Schöpfung anerkennen. Das hat unmittelbare Konsequenzen für das Selbstbild und den Umgang mit sich selbst. Wer sich liebt, wird auch liebevoll mit sich umgehen. Er wird sich achten und deshalb achtsam sein.

Man könnte diese Haltung mit der einer Mutter vergleichen, die alles für ihr geliebtes Kind tut. Sie wird es mit dem Besten ernähren, was sie finden kann, für ausreichend Bewegung, Ruhe und Schlaf sorgen, für geistige Nahrung und insgesamt ideale Lebensbedingungen. Die Liebe leitet sie, und der Respekt für das Wesen, das ihr anvertraut ist. Und Sie? Gehen Sie so achtsam mit sich selbst um? Achten Sie Ihr Selbst, Ihre Seele, Ihren Körper? Oder schämen Sie sich, weil Sie nicht »besser« sind, holen alles aus sich heraus, auch um den Preis der Deformation?

Es ist übrigens auffallend, dass fehlende Selbstliebe und daraus folgend fehlende Liebe häufig durch unmäßiges und ungesundes Essen kompensiert wird. In diesem Zusammenhang sollten Sie wissen, dass Fettleibigkeit nach Ansicht des Krebsspezialisten Prof. Otmar Wiestler in Zukunft die Hauptursache von Tumoren sein wird. Die »Zunahme des Übergewichtsproblems« sei mit diversen Tumorarten verbunden, so der Chef des Deutschen Krebsforschungszentrums (DKFZ) in Heidelberg.

Nach Wiestlers Angaben sind allein im Jahre 2010 etwa 450 000 Menschen in Deutschland neu an Krebs erkrankt. In Zusammenhang mit Übergewicht beobachten die Wissenschaftler eine zunehmende Zahl von Speiseröhrenkrebs, Darm-, Brust-, Nieren- und Bauchspeicheldrüsenkrebs. Der genaue Grund sei noch nicht ganz klar. »Das ist ein wichtiges Thema für die Forschung in der nächsten Etappe«, prognostiziert Wiestler.

Wenn wir den Menschen als energetisches Informationssystem sehen und Krankheit als eine aufrüttelnde Information des Hyperraums, fällt es uns allerdings nicht schwer, einen kausalen Zusammenhang herzustellen. Übergewicht ist selten eine Folge ausgewogener Ernährung. Speziell stark gesüßte und fetthaltige Lebensmittel erzeugen kurzzeitig ein Wohlbehagen, das an Liebesgefühle erinnert. Diese Art, sich Befriedigung zu verschaffen, ist ein unhörbarer Hilfeschrei. Hörbar wird er, wenn ein Tumor festgestellt wird. Insofern sollten wir durch Selbstbeobachtung und Rückkopplung unser Informationssystem nutzen, bevor es überhaupt zu einer Erkrankung kommt.

Betrachten Sie Gesundheit und Heilung von jetzt an als eine wunderbare energetische Pflicht, die Ihnen auferlegt wurde, um gesund und glücklich zu leben. Akzeptieren und respektieren Sie sich. Grenzen Sie nichts an sich aus. Denn dann würden Sie energetische Blockaden aufbauen, die folgerichtig in Krankheiten seelischer und körperlicher Ausprägung münden.

Der zweite Grund für Krebserkrankungen, den mir die

Onkologen nannten, ist der fehlende Glaube. Dies mag verwundern in einer säkularen Welt, in der wir uns viel darauf zugutehalten, dass uns niemand mehr zum Glauben zwingt. Die Geschichte der institutionalisierten Religionen legt denn auch in der Tat den Schluss nahe, der moderne Mensch habe sich endlich von religiösen Abhängigkeiten und Bevormundungen befreien können. Doch das hieße, das sprichwörtliche Kind mit dem Bade auszuschütten.

Schon die Liebe ist nicht denkbar ohne ein Bewusstsein für Transzendenz, für eine höhere Dimension. Liebe ist weder notwendig an den Sexus gebunden noch daran, dass uns jemand versorgt. Sie ist ein umfassendes energetisches Potenzial, das uns über unser irdisches Sein weit hinaushebt. Geben und Nehmen sind eins, wir rechnen nicht auf, sondern sind energetisch im Fluss. Der Glaube ist ebenfalls an Transzendenz geknüpft, an die Überschreitung der materiell interpretierten Wirklichkeit.

Ich spreche hier nicht von einem speziellen Glauben. Ob man dem Christentum, dem Buddhismus oder dem Islam den Vorzug gibt, ob man eine naturreligiöse Ahnung hat oder synkretistisch Elemente verschiedener Religionen zu ganz persönlichen Überzeugen vereint, ist prinzipiell gleichgültig. Wichtig ist nur, dass der Mensch sich übergeordneten, höheren Dimensionen anvertraut, die ihm Kraft verleihen.

Wie W. Ch. Nawrocki prophezeihe ich entsprechend einen spirituellen Paradigmenwechsel der Medizin: »Auch das Gebet und die Meditation werden einen sehr wichtigen Platz in der Medizin und im Alltag einnehmen. Das Gebet ist nicht ein Zeichen und Ausdruck von kindlich unreifem Glauben, sondern von Mut (Demut erfordert Mut) und tiefer Ehrfurcht vor den großen Zusammenhängen des Universums, die sich einem rationalen Begreifen immer verschließen werden.«

Mittlerweile liegt uns umfangreiches Forschungsmaterial vor, das diese These stützt. Auch deutsche Forscher interessieren sich zunehmend für den Zusammenhang von Religion und Gesundheit. Sebastian Murken, Religionspsychologe an der Universität Trier, gehört zu ihnen. Doch er stellt auch fest: »In Deutschland ist die wissenschaftliche Skepsis deutlich größer als in den USA.« Vorreiter sind hier in der Tat die USA, wo man seit einigen Jahren sowohl in der universitären Ausbildung als auch in der klinischen Praxis intensiv auf Glaubensinhalte und Religiosität rekurriert.

So werden Medizinstudenten aufgefordert, den religiösen Hintergrund eines Patienten in die Anamnese einzubeziehen und auch bei der Erstellung einer Therapie zu berücksichtigen. Zahlreiche wissenschaftliche Projekte und Studien belegen, dass gläubige Menschen schneller gesund werden und generell ein vermindertes Risiko haben, an physischen und psychischen Krankheiten zu leiden. Sie haben eine höhere Lebenserwartung – statistisch sieben Jahre länger – und ein stabileres Immunsystem als Nichtgläubige.

Der Mediziner Chauncey Crandall, der die Cardiovascular Clinic in Palm Beach, Florida, leitet, ist aufgrund seiner langjährigen Erfahrung davon überzeugt, dass der Glaube heilende Kräfte verleiht. Deshalb hat er in seiner Klinik das Gebet zum festen Bestandteil der Therapie gemacht. Der Herzspezialist betet selbst mit seinen Patienten, legt ihnen dabei die Hand auf die Stirn und bittet um die Hilfe Gottes für die Genesung.

Ausschlaggebend für diese Praxis war ein Erlebnis, das er

mit einem Infarktpatienten hatte. Der Mann war in die Notaufnahme eingeliefert worden und hatte seit 40 Minuten keinen Puls mehr gehabt. Die Notärzte wollten schon aufgeben, da sich die Gliedmaßen des Patienten bereits schwarz färbten. Doch Crandall hatte plötzlich eine Eingebung. Er sprach ein Gebet und bat seine Mitarbeiter, ein letztes Mal Elektroschocks einzusetzen. Es war wie ein Wunder: Auf dem Monitor zeigte sich spontan ein völlig normaler Herzschlag, und der Mann war gerettet.

Dies ist nur eine von unzähligen Geschichten, die zu einem Umdenken führte. Inzwischen setzt jeder fünfte amerikanische Arzt das Gebet ein, jeder zweite ist sicher, dass höhere Mächte einen zentralen Einfluss auf den Genesungsverlauf haben. Viele Krankenhäuser haben sogenannte »Healing Rooms« eingerichtet, in denen die Patienten unter Anleitung beten. Damit wird eine religiöse Praxis rehabilitiert, wie sie in allen alten Kulturen selbstverständlich war, die das säkulare Zeitalter jedoch lange als mittelalterlichen Aberglauben abtat. Seit der Aufklärung waren Wissenschaft und Religion strikt getrennt, und kein Schulmediziner würde es heute über sich bringen, einem Patienten die Hand aufzulegen, wie es Heiler seit Jahrtausenden taten.

Daran wird sich in den nächsten Jahren viel ändern. Wir sind aufgerufen, uns unsere energetische Natur und unsere Verbindung mit höheren Kräften stets vor Augen zu führen. Ob wir dabei meditativ unsere Chakren aktivieren oder die Energieflüsse über Meridiantherapien herstellen, ist prinzipiell nicht von Bedeutung. Erfreulicherweise bietet uns eine neue, ganzheitliche Medizin ihre Hilfe an. Anfang November 2010 stellte die Deutsche Ärztegesellschaft für Herd- und

Regulationsforschung (D.A.H.) ihr ganzheitliches Modell »Regulation und Bewusstsein – die Zukunft der Medizin!?« vor. Auf einem Ärztekongress wurde der Öffentlichkeit eine ausgereifte, ganzheitliche Medizin vorgestellt, die von unermesslicher Bedeutung ist.

Damit verändert sich allerdings auch die Rolle der Ärzte. Das ist sicherlich der Grund, warum die meisten von ihnen den Part als Impulsgeber für Selbstheilung ablehnen. Sie verlieren ihre Interpretationshoheit über die Krankheit und auch über den Patienten. Sie sind nicht mehr omnipotente Heiler, die ihr Herrschaftswissen hüten, sondern müssten sich als Wegbegleiter der Heilung verstehen.

Ich habe weit ausgeholt, um Ihnen die wissenschaftlichen Grundlagen der energetischen Heilung zu erläutern. Doch das ist meiner Meinung nach unerlässlich, um die neuen Therapieformen wirklich zu erfassen. Sonst würde man sie allzu leicht mit simpler Autosuggestion oder gar hypnotischen Methoden verwechseln.

Vergegenwärtigen Sie sich Energie als gigantisches Informationssystem, das uns umgibt und das als Hyperraum direkt in unsere Realität hineinreicht. Suchen Sie den Kontakt zum Hyperraum. Fürchten Sie sich nicht vor Krankheiten, sondern betrachten Sie jede Störung als Appell an das Bewusstsein, regulativ tätig zu werden. Das sichtbare Symptom hat immer eine unsichtbare Begründung. Oder, energetisch interpretiert: Es sind immer subtile Energien beteiligt, die sowohl Krankheit als auch Heilung ermöglichen.

»Das Gehirn hat in den letzten zehn Jahren mehr über sich selbst gelernt als in seiner ganzen Geschichte zuvor.« Dieses Zitat von Michael Hutchison ist mittlerweile 25 Jahre alt. Ich gehe davon aus, dass wir mit unserem heutigen Wissen an einer Schwelle stehen, an der unser eindimensional rationaler Verstand seine Vormachtstellung abgeben wird. Andererseits prognostiziere ich erhebliche gesundheitliche Störungen psychischer und körperlicher Art. Wir werden uns von unserer selbst erdachten Künstlichkeit befreien, indem wir auf ein kongeniales Wirken von »Herz-« und »Kopfverstand« umschalten.

W. Ch. Nawrocki resümiert die Konsequenzen für die Medizin folgendermaßen: »Die Medizin der Zukunft wird ein alter und bekannter Weg sein: Den ganzen Menschen mit einzubeziehen, auch den Teil, den die Wissenschaft bisher nicht möchte, den Teil von uns, der sehr widerspruchsvoll sein kann, die Haltung und Verhalten aus metaphysischer Sicht, Emotionen, die Gefühle, die Intuition, das eidetische Vermögen, die Dinge von innen heraus zu erfahren, die Fantasie. Damit wird es uns möglich sein, in viel tiefere Bewusstseinsinhalte Eingang zu finden, als die meisten Menschen es sich vorstellen können.« Vergegenwärtigen wir uns noch einmal die wichtigsten Gedanken dieses Kapitels.

Checkliste – Heilende Energie

- Gesundheit und Krankheit werden in der neueren Forschung rückbezogen auf den Menschen als offenes biologisches System, das sich in einem permanenten Energieaustausch befindet. Es unterliegt idealiter den Gesetzen der Autoregulation, ist also in der Lage, sich durch Rückkopplungen und Korrekturen stabil zu halten.

- Gesundheitliche Probleme werden entsprechend als Störung dieser Regulationsfähigkeit gesehen. Sie weisen darauf hin, dass das regulierende Informationssystem nicht mehr voll funktionsfähig ist. So bilden sich Krankheitsherde, die sukzessive den gesamten Organismus in Mitleidenschaft ziehen.
- Die Regulationsmedizin widmet sich entsprechend den Funktionsstörungen, die einer Erkrankung vorausgehen.
  Sie unterscheidet sich von der Schulmedizin dadurch, dass sie nicht das Symptom isoliert, sondern den ganzen Menschen betrachtet. Klassische Methoden der Regulationsmedizin sind zum Beispiel Akupunktur, Homöopathie oder die »Emotional Freedom Techniques«.
- Grundlage der Regulationsmedizin sind Erkenntnisse über die informell-energetischen Abläufe im Menschen, die im weitesten Sinne mit traditionellen Heiltechniken wie der Meridiantherapie oder der Chakren-Diagnose verwandt sind.
- Das Wissen um solche Zusammenhänge war lange vergessen, da sich die Schulmedizin als Teil der Naturwissenschaft versteht. Ihr historisches Erbe basiert auf einer Trennung von Geist und Körper, von Materie und Energie. Daher richteten sich Diagnose und Therapie auf das punktuelle Symptom, nicht aber auf das gesamte energetische Geschehen.
- Mit der Entdeckung subtiler Energien wurde die Trennung von Bios und Physik aufgehoben. Subtile Energien bezeichnen den »élan vital« und die ätherische Energie und umfassen auch Emotionen, Denkprozesse und Bewusstsein. Damit war der Weg frei für eine ganzheitliche Betrachtungsweise, die eine neue informationstheoretische Theorie untermauerte.
- Der Physiker Burkhard Heim entwickelte ein revolutionäres zwölfdimensionales System, in dem er auch das Geheimnis

des energetisch-informellen Austauschs enträtselte. Wenn wir denken oder in anderer Weise geistig tätig sind, so Heim, schließen wir uns an einen Hyperraum an, in dem das gesamte Wissen des Universums gespeichert ist. Das Bewusstsein wird damit zum Schlüssel der menschlichen Existenz.

- Krankheiten sind demzufolge Projektionen aus dem Hyperraum. Sie enthalten die Information, dass wir uns von einer natürlichen Lebensweise entfernt haben und den Störungen mit Hilfe des Bewusstseins auf den Grund gehen müssen. Insofern sind Krankheiten die Chance, sich seiner Defizite bewusst zu werden.
- Als Schlüsseldefizite, die zu lebensbedrohlichen Erkrankungen führen, nennen Onkologen fehlende Selbstliebe und fehlenden Glauben. Beides weist auf einen grundsätzlichen Mangel hin: den unterbrochenen Anschluss an höhere Dimensionen, die uns mit kosmischer Energie versorgen. Wenn der Mensch seine Fähigkeit zur Transzendenz verliert und ausschließlich im Materiellen verhaftet bleibt, ist auch sein energetisches Informationssystem blockiert.
- Studien über den Zusammenhang von Glaube und Gesundheit belegen, dass Religiosität einen unmittelbaren Einfluss auf die Gesunderhaltung und auf Heilungsprozesse hat. Insbesondere die Praxis des Gebets führt zu Heilerfolgen, auch wenn sie schulmedizinisch kaum wahrscheinlich scheinen.
- Es ist somit Aufgabe des entwickelten Bewusstseins, eine spirituelle Transformation anzustreben. Weiß es sich geborgen im universalen Energie- und Informationssystem, so kann es seine Seele und seinen Körper gesund erhalten. Es wird mögliche Erkrankungen als Weckruf verstehen, um seine Defizite zu erkennen und zu regulieren.

5. Energieritual
Die Aktivierung der informellen Energie

1. Schaffen Sie eine ruhige, entspannte Atmosphäre und setzen Sie sich locker an einen Platz Ihrer Wahl. Machen Sie sich bereit für eine mentale Reise durch Ihren Körper. Das Ziel ist es, dass Sie sich vollkommen balanciert und präsent fühlen – im Einklang mit den universalen Energien und dem gesamten informellen Wissen des Hyperraums.
2. Beginnen Sie mit der Visualisierung Ihres Energiekörpers. Schließen Sie die Augen und spüren Sie in jede einzelne Zelle hinein. Machen Sie sich bewusst, dass Sie ein Medium universeller Energie sind, die auf jeder Ebene Ihres individuellen Seins wirksam wird.
3. Spüren Sie, wie Sie sich an das unendliche Informations- und Energiereservoir anschließen, das Ihnen der Kosmos zur Verfügung stellt. Sie können prinzipiell alles wissen und alles aufnehmen, was jemals erfahren und erdacht wurde. Ihr Leben spielt sich auf der kosmischen Bühne ab, und auf dieser sind Sie ein durch und durch energetisches Wesen.
4. Nun richten Sie Ihre Aufmerksamkeit auf Ihre Hände. Öffnen Sie sie und richten Sie die Handflächen nach oben. Reisen Sie in Gedanken durch jeden einzelnen Finger. Verharren Sie jeweils einige Zeit bei Ihren Fingerspitzen, sie sind besonders empfänglich für Energie.
5. Folgen Sie den Energieströmen in die Arme hinein. Denken Sie sich diese Ströme immer symmetrisch und visualisieren Sie den Energieimpuls jeweils paarig, nicht nur auf einen einzelnen Arm bezogen. Bald schon erreicht der Energiestrom Ihre Schultern. Richten Sie sich auf, falls Sie etwas gebeugt

gesessen haben. Leiten Sie die Energie Ihre Wirbelsäule entlang abwärts. Es könnte sein, dass Sie dabei eine Gänsehaut empfinden.

6 Teilen Sie den Strom dann in zwei Hälften, die Ihre Beine entlang in die Füße gelangen. Bewegen Sie leicht die Zehen und spüren Sie der Energetisierung nach. Lenken Sie die stärker werdende Energie wieder nach oben, bis in die Herzgegend. Verankern Sie die Energie dort. Versuchen Sie, ganz bewusst Ihren Herzschlag wahrzunehmen, seinen Rhythmus, der Ihren gesamten Körper taktet.

7 In Ihrem Herzen befindet sich nun eine ungeheure Energiekonzentration. Liebe, Mitgefühl und Vertrauen haben hier ihren Sitz: im Herz-Chakra. Lassen Sie diesem Gefühl und seiner Energie freien Lauf. Sie strahlt nun in alle Gliedmaßen zurück und ganz besonders in Ihren Kopf. Ihre Gehirnströme synchronisieren sich mit der universellen Energiefrequenz.

8 Vergegenwärtigen Sie sich, dass die Energien, die Sie durchfließen, wertvolle Informationen enthalten. Es sind Informationen, mit denen alle wichtigen Körper- und Seelenfunktionen geregelt und harmonisiert werden. Es ist die Liebe zu sich selbst und die Liebe zu allem, was ist, die nun präsent wird.

9 Nehmen Sie wahr, ob ein Bereich unterversorgt ist. Widmen Sie diesem Bereich besondere Energiearbeit. Heilen Sie ihn. Geben Sie ihm Ihre ganze Liebe und Zuwendung.

10 Konzentrieren Sie sich auf den Satz: »Ich bin gesund und kräftig, weil mich das gesamte kosmische Wissen durchfließt.« Sprechen Sie den Satz mehrmals laut aus. Freuen Sie sich an dieser ewigen, unendlichen Wahrheit.

11 Geben Sie nun Ihre Energie dem Universum zurück und genießen Sie das Gefühl, dass sogleich neue Energien und neue Informationen in Sie hineinfließen.
12 Wiederholen Sie dieses Ritual täglich, am besten gleich nach dem Aufwachen, wenn Ihre Schwingungsmuster intakt und kongruent mit der kosmischen Schwingung sind. Wenden Sie es jederzeit an, wenn Sie Beschwerden oder Schmerzen haben.

6. SCHÖPFERISCHE ENERGIE – Wie wir unsere spirituelle Evolution leben

Es hat wohl noch nie eine Epoche wie unsere gegeben, in der eine derart starke Diskrepanz zwischen dem Wissensfortschritt und den realen Missständen vorlag. Der Begriff der Krise ist zum Emblem unseres Zeitalters geworden. Zusammenbrüche aller Art halten uns in Atem. Sei es die Finanzkrise, die Terrorgefahr oder die Zerstörung der Natur – überall zeigen sich Symptome einer Kultur, die den Auftrag der Selbsterhaltung kaum noch bewältigen kann. Die globalen Probleme sind noch längst nicht gelöst, Probleme wie das Gefälle zwischen der Ersten und Dritten Welt, der Hunger in vielen Ländern, die zahlreichen kriegerischen Konflikte.

Wir sind verwundbarer als je zuvor, abhängig von Elektrizität, von Datenflüssen, von medialen Steuerungen, die das Zusammenleben scheinbar erleichtern, die unsere Zivilisation aber auch extrem störanfällig machen. Alternative Konzepte gibt es kaum. Und wenn sie denn formuliert werden, so erreichen sie nicht die Deutungsmächtigen und die Entscheider, die täglich über unser Leben bestimmen. Dennoch ist immer mehr Menschen klar, dass blindes Weitermachen wie zuvor nicht ausreichen wird, um unseren Planeten vor dem Kollaps zu bewahren.

Ich neige wahrlich nicht zur Schwarzseherei. Deshalb habe ich diese Einleitung auch nicht gewählt, um negative Szenarien zu verstärken oder Panik zu schüren. Vielmehr möchte ich die Dringlichkeit eines umfassenden Bewusstseinswandels darlegen. Welche Gedanken und Ideen brauchen wir? Und wie können sie eine Wirkmacht entfalten, dass sie Basis eines qualitativen Umbaus unserer Gesellschaft werden können?

Wenn ich in diesem Buch über Energie spreche, so gehört dazu auch die Energie des schöpferischen Bewusstseins. Sie hat von jeher die Menschen zu epochalen Erfindungen und großartigen geistigen Leistungen befähigt. Doch es scheint ganz so, als seien die einst erschaffenden Energien deformiert. Als hätten sie sich in destruktive Energien verwandelt, mit hohem Zerstörungspotenzial. Jede Erfindung trägt in sich neue Gefahren, jede Innovation kann sich in ihr Gegenteil umkehren.

Offenbar leidet die Menschheit an einem Verlust der kreativen Möglichkeiten, die sich ihr durch den Kosmos anbieten. Und in der Tat: Geistige Energieblockaden sind dafür verantwortlich, dass uns die rettenden Impulse fehlen, die Fähigkeit zur autoregulativen Selbstheilung im umfassenden Sinne. Die gesellschaftliche Dimension dieser Tendenz ist brisant. Viel Zeit bleibt uns nicht mehr. Daher möchte ich dieses Kapitel den Energien widmen, die unser Denken, Fühlen und unsere Kreativität betreffen. Nötig sind sie, darüber sind wir uns sicherlich einig. Und ich möchte hinzufügen: Was wir brauchen, ist eine spirituelle Evolution, die die Menschheit zurückführt zu den Quellen der erschaffenden und heilenden Energien.

Vermutlich fragen Sie sich jetzt, warum ich von einer Evolution spreche. Seit der britische Naturforscher Charles Darwin 1858 seine berühmte Evolutionstheorie veröffentlichte, hat sich unser Bild von der Schöpfung entscheidend gewandelt. Darwin hatte entgegen der Annahme eines unveränderlichen Endzustands der Schöpfung die Erkenntnis formuliert, dass alles irdische Leben auf phylogenetischer Entwicklung beruhe. Sie folge dabei einer stetig verfeinerten Anpassungsstrategie an die natürlichen Gegebenheiten. Damit erklärte er vor allem die Entstehung der Arten, wie wir sie heute kennen. Das Sein, so, Darwin, ist einem ständigen Veränderungsprozess unterlegen, der prinzipiell nie endet.

Evolution, so könnte man verkürzt sagen, ist eine Überlebenstechnik. Es geht darum, dass Lebewesen die idealen Eigenschaften ausbilden, mit denen sie auf die Herausforderungen von außen reagieren – ein klassischer autoregulativer Vorgang. Während sich das evolutionäre Prinzip als Grundmodell der Biologie längst durchgesetzt hat, ist es für viele noch eine ungewohnte Vorstellung, dass auch wir Menschen eine evolutionäre Entwicklung durchmachen. Sie zeigt sich weniger in den faktischen Mutationen des Erbguts als in einer geistigen Evolution. Man kann sie als eine kontinuierliche Entwicklung unseres Bewusstseins bestimmen. Ihre Perspektive ist die absolute Kongruenz des Menschen mit den Energien des Kosmos und damit seine Hinwendung zur spirituellen Dimension seiner Existenz.

Wir können davon ausgehen, dass es der Wille des Universums ist, den Menschen als kosmisches Wesen zu sich selbst kommen zu lassen. Das bedeutet eine Transformation unseres gesamten körperlichen, emotionalen, seelischen und geistigen Seins. Umgangssprachlich ist es das, was wir Erleuchtung nennen, und der Weg dahin ist die innere Evolution. Möglich ist sie, da wir ohnehin energetische Wesen sind, die unter günstigen Bedingungen mit universalen Energien und den darin enthaltenen Informationen im Austausch stehen.

Viele spirituelle Denker haben konkretisiert, wie sich solch eine innere Evolution abspielt. Sie verweisen insbesondere auf die Aufgabe der Chakren als Schaltstellen und Energiezentren des Individuums, die kosmische Energie aufnehmen und weitergeben können. Daneben nennen sie die Energiekanäle, Nadis, durch die unser Körper und unsere Seele mit der kostbaren Energie und deren Informationen versorgt werden. Aber wie auch immer man den Energietransfer beschreibt – er ist notwendig und er enthält alle Informationen, die wir für das Überleben in einer destruktiven Kultur brauchen.

Ich habe das Konzept der spirituellen Evolution dahingehend erweitert, dass sie wesentlich rascher verläuft, als bisher angenommen. Denn ich prognostiziere einen Evolutionssprung, der unsere Welt und unser geistiges Leben für immer verändern wird. Er wird uns befähigen, die großen Herausforderungen zu meistern, vor denen wir stehen.

Dabei stütze ich mich auf den Kalender der Maya, der für 2012 eine dramatische Zeitenwende vorhersagt. Die Maya zogen ihr bemerkenswertes Wissen aus der Beobachtung der Gestirne und bevorzugt aus der kalendarischen Dokumentation von Sonnenflecken. Dieses astronomische Wissen nutzten sie vor allem für Wettervorhersagen und extrapolierten daraus günstige Zeiten für Aussaat und Ernte. Daneben diente das Wissen aber auch einem spirituellen Zweck. Denn die Maya waren sicher, dass die Sonne den Menschen mit dem Universum verbindet und dass er durch besonders starke Sonnenaktivitäten eine Bewusstseinserweiterung erfahren würde.

Insofern ist die Prognose der Maya für 2012 von der Gewissheit getragen, dass ungewöhnlich hohe Sonnenaktivitäten den »neuen Menschen« hervorbringen könnten – oder dass die Zivilisation für immer untergehen wird. Wie genau der »neue Mensch« geartet sein wird, bleibt bei den Maya im Dunkeln. Sehr wahrscheinlich aber ist es, dass sie an eine Transformation hin zum Göttlichen dachten. Der Mensch rücke näher an seine Urmatrix, den Kosmos, und erfülle damit seine Bestimmung als kosmisches, hochbewusstes Wesen.

Ich habe keinen Grund, an den Annahmen der Maya zu zweifeln. Ihre Kalender haben sich in der Vergangenheit als ebenso zuverlässig wie exakt erwiesen. Auch astronomisch ist ihr Modell stichhaltig. Forscher der NASA haben festgestellt, dass es seit einigen Jahren ungewöhnlich wenige Explosionen auf der Sonne gab, was sich momentan wieder umkehrt. Sie schließen daraus, dass sich zurzeit eine ungeheure Energie auf der Sonne gestaut hat, die schließlich zu einem Megaausbruch Ende 2012 führen wird. Mit fatalen Konsequenzen für die Erde: Unter anderem werden Stromausfälle, Erdbeben und Tsunamis erwartet.

Das klingt eher nach einer düsteren Prophezeiung. Doch um die Folgen einschätzen zu können, sollten wir uns der spirituellen Implikation erinnern, die von den Maya formuliert wurde. Die Frage ist nun, wie der Kosmos zu uns

»spricht«. Wie fordert er uns auf, unser Bewusstsein zu schulen und zu erweitern?

Auffällig ist, dass die allgemeine Ereignisdichte ständig zunimmt. Sich dieser Beobachtung zu entziehen fällt immer schwerer. Schon allein quantitativ haben wir es in den letzten Jahrzehnten mit einer stetig steigenden Zahl von besonderen Vorkommnissen zu tun. Derartiges könnte man durchaus mit dem Phänomen »die Zeit läuft immer schneller« erklären. Und das ist mehr als ein diffuses Gefühl. Die Zeichen mehren sich, dass etwas mit uns geschieht, was viele noch nicht genau einordnen können.

Eine Tatsache ist beispielsweise, dass sich unser Planet im Jahr 2010 schneller gedreht hat, als von Geologen vorausberechnet. Die zuständige Instanz ist der Internationale Erdrotationsdienst IERS (International Earth Rotation and Reference System Service), ein Zusammenschluss aus Geowissenschaftlern und Astronomen von Observatorien, Behörden und Instituten aus rund 50 Ländern. Sie gab Ende 2010 bekannt, dass die Erde sich überraschend abweichend verhielt. Während die Tendenz allgemein dahin geht, dass sich die Rotationsgeschwindigkeit der Erde verringert, war das 2010 nicht der Fall. Die Erde war genau eine Sekunde »schneller« als gewöhnlich.

Eine Sekunde nur?, könnten Sie jetzt einwenden. Für Astronomen ist das jedoch eine geradezu spektakuläre Abweichung. Denn wegen der allgemein verlangsamten Geschwindigkeit des Blauen Planeten wurde im Jahr 1972 eigens eine Schaltsekunde eingeführt, um die Differenz zwischen der Atomuhr und dem tatsächlichen Rotationsmuster der Erde auszugleichen. Die letzte Minute eines Jahres hat dann nicht

60, sondern 61 Sekunden. So geschah es zum Ende der Jahre 1999, 2006 und 2008. Damit wollte man dafür sorgen, dass auch künftig die Sonne um 12 Uhr mittags im Zenit steht und 24 Uhr mitten in der Nacht liegt.

Auch für 2010 war eine solche Schaltsekunde geplant. Doch es kam anders. »Eine Schaltsekunde entfällt dieses Silvester«, gab Wolfgang Dick vom Bundesamt für Kartografie und Geodäsie (BKG) in Frankfurt am Main Ende Dezember 2010 bekannt. Und fügte hinzu: »Wir staunen selbst etwas über die momentane Rotationsgeschwindigkeit der Erde.«

Schwankungen des Drehimpulses haben unterschiedliche Ursachen. Da ist zum einen die Gravitation des Mondes und anderer Planeten, die die Erde förmlich »bremst«. Hinzu kommt die Erdatmosphäre mit ihren Hoch- und Tiefdruckgebieten, die verschieden verdichtete Luftmassen erzeugt, weil deren Wassergehalt schwankt. Auch die Wassermassen der Ozeane spielen eine Rolle, da sie sich abhängig von der Erwärmung jeweils anders ausdehnen, außerdem erzeugt auch die Gezeitenreibung Abweichungen. Hinzu kommen Masseverschiebungen im Erdkern, die Einfluss auf die Rotation ausüben.

Ein weiterer wichtiger Faktor verdient unsere besondere Aufmerksamkeit: die Auswirkung von Erdbeben. Sie verändern die Rotationsachse der Erde, weil sich als Folge tektonischer Verschiebungen und der damit einhergehenden Beben Gestein im Innern des Erdkerns verschiebt. Das erzeugt den sogenannten »Pirouetteneffekt« – wie bei einem Eisläufer, der die Arme anlegt und dadurch die Geschwindigkeit seiner Drehung beschleunigt. Erdbeben versetzen dem Blauen Planeten gleichsam einen Stoß und geben ihm einen zusätzlichen

Drall. Genau dies ereignete sich im Jahre 2010: Das Erdbeben von Chile ging in die Geschichte als fünftstärkstes ein, das jemals gemessen wurde. Daraufhin drehte sich die Erde schneller.

Die außerordentliche Relevanz von Erdbeben für unser Thema ergibt sich, wenn Sie bedenken, dass ihre Häufigkeit in den letzten Jahren exponentiell zugenommen hat. Das gilt ebenfalls für Tsunamis, die ihnen meist in kurzem Abstand folgen und die ebenfalls die Erdrotation beeinflussen. Erdbeben stehen in unmittelbarem Zusammenhang mit Sonnenaktivitäten. Sie gehören daher zu den Indikatoren, die bereits die Maya als Hinweis auf eine Zeitenwende erwähnten. Jahrelange Datenerhebungen belegen: Bei verstärkten Sonnenaktivitäten, sichtbar als Sonnenflecken, die auf starke Eruptionen auf der Sonnenoberfläche schließen lassen, kommt es auf der Erde vermehrt zu Erdbeben.

Nicht von ungefähr bestimmten die Maya die Sonne als kosmisches Schicksalsgestirn. Ihr intuitives Wissen sagte ihnen, dass die Sonne die Verkörperung des kosmischen Bewusstseins ist. Es ist daher nicht verwegen, anzunehmen, dass die Sonne auch uns heute auf diese Weise buchstäblich »wachrüttelt«. Sie zeigt uns durch ihre unvorstellbar intensiven Outbursts und deren Konsequenzen auf der Erde, dass wir aufgerufen sind, die Bestimmung unserer Existenz zu überdenken.

Naturgemäß jedoch ist unsere Wahrnehmung individuell und subjektiv. Was dem einen Menschen als etwas Gutes erscheint, kann für einen anderen Menschen etwas Negatives bedeuten. Wie also könnten wir wahrgenommene Ereignisse überhaupt bewerten oder gar objektivieren?

Wenn wir von einer Katastrophe sprechen, so obliegt dieses Urteil unserer persönlichen Bewertung. Handelt es sich beispielsweise um ein Erdbeben, von dem wir selbst betroffen sind, so zögern wir nicht, es als katastrophale Begebenheit zu bezeichnen. Ereignet es sich dagegen in großer geografischer Entfernung und hinterlässt lediglich materiellen Schaden – eingestürzte Häuser, ohne dass Menschen verletzt oder getötet wurden –, können wir objektiver sein. Solche Ereignisse könnten wir als »das, was ist«, als ein rein faktisches Geschehen betrachten.

Unsere Wahrnehmung derartiger Vorfälle ist daher subjektiv und individuell unterschiedlich. Was der eine als »Strafe Gottes« empfindet, sieht der andere als »ein Zeichen von oben«. Letztere Einschätzung möchte ich als Grundlage anbieten, um die momentanen Ereignisse objektiv bewerten zu können, deren Häufigkeit, Intensität und Dauer zunehmen. Denn sie gehören zu der Art von Zeichen, die mit unserer spirituellen Transformation zu tun haben.

Beziehen wir als Erstes die Ereignisse in unsere Analyse ein, die das menschliche Leben potenziell bedrohen. Hierzu gehören Erdbeben, Vulkanausbrüche, Überschwemmungen oder Tornados. Zählen wir diese Naturereignisse einzeln aus, indem wir sie über einen möglichst langen Zeitraum zurückverfolgen, dann werden wir eine signifikante Zunahme dieser Geschehnisse erkennen können. Die Wahrscheinlichkeit ist relativ hoch, dass sich dieser Prozess noch weiter fortsetzen wird, was sich aus den Datenerhebungen eindeutig ableiten lässt. Diese Prognose kann noch gefestigt werden, wenn es uns gelingt, die eigentliche Ursache der Naturereignisse auszumachen.

Da unser gesamtes Sonnensystem ihr galaktisches Zentrum, die Milchstraße, umkreist, passieren wir auf dieser Reise einige Regionen, in denen wir mit hochenergetischer Strahlung quasi bombardiert werden. Sie potenziert noch die Strahlungsträger, die uns durch solare Outbursts erreichen. Solange unser Sonnensystem sich in diesem Bereich befindet, werden diese hochenergetischen Strahlen auf uns einwirken. Wenn wir die Zeitspanne kennen, in der wir uns in dieser heiklen Zone befinden, können wir errechnen, wie lange uns die Naturkatastrophen voraussichtlich noch heimsuchen werden. Demzufolge dürften sie noch eine gewisse Zeit anhalten.

Diese Schlussfolgerungen zeigen uns jedoch nur die physikalischen Aspekte. Unsere Ursachenforschung reduzierte sich bislang auf eine rein physische Kausalitätskette. Wir müssen daher den Blickwinkel erweitern – um seine geistigen Konsequenzen. Naturgegeben ist der Mensch ein Amalgam aus Geist und Materie, und, wie wir gesehen haben, ist selbst die Materie Schwingung. Indem wir eine willentliche Handlung ausführen – beispielsweise unseren Arm bewegen, um eine Tasse anzuheben –, vollzieht sich ein geistig-materieller Akt. Solche Interaktionen sind uns dermaßen vertraut, dass wir leicht vergessen, dass es unser Geist ist, der sich der Materie bedient.

Alle Naturvorgänge, das folgt daraus, müssen wir zugleich als Auswirkungen geistiger Geschehnisse definieren. So sieht es die energetische Strukturhomologie vor, die Mikrokosmos und Makrokosmos verknüpft. Um die Pointe gleich vorwegzunehmen: Für die Häufung von Naturkatastrophen auf unserem Planeten müssen wir ursächlich unsere fehlgeleitete kollektive Geisteshaltung verantwortlich machen. Das klingt nahezu fantastisch, wenn nicht rein spekulativ. Und doch folgt es der Logik des universalen Energieaustauschs.

Auf der Ebene des Mikrokosmos hatte ich diesen Mechanismus bereits geschildert. Ein Patient erkrankt deshalb an Krebs, weil er über einen längeren Zeitraum eine bestimmte geistige Fehlhaltung aufrechterhielt. So wäre die elementare Ursache dieser Erkrankung geistigen Ursprungs. Wie in den beiden vorhergehenden Kapiteln erläutert, müssen wir daher das Prinzip »Krankheit als Weg« akzeptieren, also die geistige Ursache für die Symptome der jeweiligen Krankheit, um sie heilen zu können.

Wir sollten der Tatsache ins Auge sehen, dass alle Dinge im Außen lediglich sekundäre Aspekte sind, die ihre Basis im Geistigen haben. Auf diese Weise ist es legitim, ein personenbezogenes Krankheitssymptom auf den Makrokosmos zu übertragen. Schließlich ist unser Körper in den gesamten Kosmos eingebunden, und die Hautschicht nur eine sichtbare Grenze, die energetisch nicht existiert. Eine Trennung wäre pure Illusion. Insofern halte ich es für plausibel, Naturkatastrophen als Symptome zu betrachten. Sie sollen uns zeigen, dass wir etwas übersehen haben, was angesehen, also erkannt werden will. Solange wir jedoch unsere geistigen Fehlhaltungen nicht wahrnehmen, werden die Symptome sicherlich in ihrer Häufigkeit und Intensität weiter zunehmen, unterstützt von der Sonne, unserem spirituellen »Wächter«. Sie erinnert uns daran, dass wir uns vom kosmischen Ganzen abgetrennt haben.

Die allgemeine Diagnose, die ich stelle, lässt sich auf den Nenner bringen: Das Ego hat sich ganz offenbar in eine

Sackgasse verirrt. Es hat sich abgespalten von den Prinzipien des Austauschs und der stabilisierenden Autoregulation. Es greift nicht mehr auf die überlebensnotwendigen Informationen zurück, die uns der Kosmos hilfreich anbietet. Sofern wir nur die »Dinge im Außen« bewerten, ist es so, als ob ein Patient sich nur auf seine Krankheitssymptome fixiert und sich nicht von ihnen befreien kann. Solange wir also das Ego nicht zähmen und dem kosmischen Bewusstsein unterordnen, werden die Symptome anhalten.

Ist es nicht erstaunlich, in welch komplexes Energiegefüge wir eindringen, wenn wir die Zusammenhänge von Mikrokosmos und Makrokosmos in aller Konsequenz zu Ende denken? Wie aber können wir unser Bewusstsein von der Vorherrschaft des Egos befreien, das selbstherrlich ist, besitzergreifend und jeden Austausch verweigert? Wie kann der Kosmos harmonisierend auf unser gestörtes Schwingungssystem Einfluss nehmen?

Unsere Stimmungs- und Bewusstseinslage wird von Hormonen und Neurotransmittern gesteuert. Faktisch existieren zwei Möglichkeiten, derartige Stoffe in unserem Gehirn entstehen zu lassen: durch einen inneren (endogenen) und einen äußeren (exogenen) Weg. In beiden Fällen entstehen innere Bilder mit den dazugehörigen Gefühlen. Unsere Emotionen und Stimmungen korrelieren dann mit entsprechenden Situationen, denen wir uns aussetzen, sei es ein freudiger oder trauriger Anlass. Jede Situation, jedes Ereignis – wobei auch ein Gedanke ein Ereignis ist – ist mit einem spezifischen Gefühl verbunden.

So bekannt uns der endogene Mechanismus auch ist, so wenig wissen wir über die exogenen Einflüsse. Zusätzlich existiert nämlich ein primär geistig ausgerichteter Einflussbereich, der sich unseren Sinneseindrücken entzieht. Es handelt sich hierbei um nicht thermische elektromagnetische Felder. Sofern bestimmte Frequenzen und Feldstärken erreicht werden, sind diese imstande, unsere neurochemischen Prozesse zu beeinflussen. Wenn Derartiges geschieht, sind unsere gesamten Stimmungs- und Bewusstseinslagen davon betroffen.

Was unterscheidet nun den endogenen und exogenen Weg? Der innere Weg basiert auf dem Vergleich von Sinneseindrücken mit ähnlich erfahrenen Vorstellungen und Assoziationen. Es werden jeweils entsprechende Gefühle und Erinnerungsbilder hervorgerufen, durch ein korrespondierendes Gefühlsmolekül. Das bekannte Buch mit dem Titel Die Moleküle der Gefühle hat diese Vorgänge differenziert beschrieben. Unsere Gefühle lassen automatisch bestimmte Bilder entstehen – ein Zustand, den wir aus unseren Träumen kennen. Jeder, der einmal mit Unwohlsein oder gar mit Schmerzen eingeschlafen ist, wird bestätigen, dass ein direkter Zusammenhang zwischen seinen Stimmungen und Träumen besteht.

Auch im Wachbewusstsein werden unsere Stimmungen von Emotionen aus dem Unterbewusstsein gesteuert. Hier können wir nur mutmaßen, welche Auslöser dabei tätig sind, doch der jeweiligen Stimmung angepasst, wird sich unsere Wahrnehmung entsprechend ausrichten. So entsteht ein Circulus – eine Spirale, die wir nur sehr schwer durchbrechen können. Lediglich über einen bewusst gefassten Willensentschluss können wir diesen verselbstständigten Kreislauf verlassen. Das geschieht zum Beispiel, wenn ich mir bewusst eine innere emotionale Bühne baue und Ereignisse Revue passieren lasse, die mich in eine gehobene Stimmung versetzen. Dann kann ich davon ausgehen, dass mir die folgenden Stimmungsbilder eine angenehme Wahrnehmung bescheren.

Der äußere Weg dagegen verläuft völlig anders. Unbemerkt wirken elektromagnetische, elektrische und magnetische Felder auf unsere Gehirnchemie ein. Ob natürlichen oder künstlichen Ursprungs – bestimmte Felder determinieren unsere Stimmungs- und Bewusstseinslagen sowie unsere Wahrnehmung. Umfangreiche empirische Forschungen mit Probanden, die systematisch befeldet wurden, haben diesen Wirkmechanismus hinreichend belegt. Sie waren psychisch beeinflussbar, je nach den Frequenzen, denen sie ausgesetzt waren.

Auch das Licht ist ein wirkmächtiger Faktor. Besonders das Sonnenlicht hat unmittelbaren Einfluss auf unsere Stimmung, das dürfte jeder von uns bereits selbst erfahren haben. Der Grund dafür ist, dass Sonnenlicht die Serotoninproduktion anregt, ein Neurotransmitter, der für gute Laune und Zufriedenheit sorgt. Ein Mangel an Sonnenlicht dagegen senkt den Serotoninspiegel und drückt unsere Stimmung. Die weitverbreitete »Winterdepression« ist das Krankheitsbild dazu. Ebenso kennen wir alle das Phänomen der Wetterfühligkeit. Hier sind es elektromagnetische Felder, sogenannte Sferics im Kilohertz-Bereich, die unsere Grundstimmung beeinflussen.

Darüber hinaus existiert ein elektromagnetischer Feld- und Frequenzbereich, der unsere gesamte Stimmung, Wahrnehmung und Bewusstseinslage verändert. Es handelt sich hierbei um extraterrestrische Felder, die aus dem Kosmos auf uns einwirken. Die wichtigste Quelle ist die Sonne. Ihr Feld-

und Frequenzspektrum erstreckt sich über extrem große Bandbreiten. So reicht ihr Spektrum von statischen Magnetfeldern bis hin zu elektromagnetischen Wechselfeldern im Gammastrahlenbereich.

Die Entdeckung, dass Sonnenflecken respektive Sonneneruptionen einen Einfluss auf die menschliche Gesundheit haben könnten, ist relativ neu. Durch die Auswertung von Studien, die in verschiedenen Ländern weltweit durchgeführt wurden, konnte man in den letzten Jahren die wissenschaftliche Relevanz dieser These erhärten. Es wurden signifikante Korrelationen zwischen Klinikeinweisungen sowie Neuerkrankungen und der sonnen-geomagnetischen Aktivität (S-GMA) festgestellt. Groß angelegte Forschungen konnten die biologischen Effekte im Einzelnen dokumentieren, die auf Veränderungen der sonnen- und geomagnetischen Aktivität zurückzuführen sind.

Abweichungen dieser Aktivitäten ziehen veränderte Ionen/Elektronen-Konzentrationen der Ionosphäre nach sich. Sie stehen durch geophysikalische Vorgänge untereinander in Verbindung und sind stark vernetzt. Eine wissenschaftliche Schlüsselfrage besteht darin, welcher Faktor in der natürlichen Umwelt die beobachteten biologischen und physikalischen Wirkweisen auslöst. Zu den Folgen gehören: Blutdruckveränderungen sowie die Zunahme von Erkrankungen und Todesfällen, was Krebs, Herzprobleme und neurologische Störungen betrifft.

Berufsbezogene Studien haben ergeben, dass die Strahleneinwirkung durch ELF-Felder zwischen 16,7 Hz und 50/60 Hz den Melatoninspiegel erheblich reduziert. Sie wird mit den gleichen oder ähnlichen Auswirkungen auf die Gesundheit in Zusammenhang gebracht wie die S-GMA-Effekte. Physiologisch ist dieser Vorgang exakt beschreibbar. Lassen Sie sich nicht durch die Fachausdrücke, die ich dafür verwende, abschrecken, denn Sie werden auch als Laie mühelos verstehen, wie umfassend die Funktionen von Geist und Bewusstsein von Feldern abhängig sind.

Die Zellmembran besitzt ein elektrisches Feld in der Größenordnung von 10 hoch 5 V/cm. Die Gehirnwellen agieren mit etwa 10 hoch 1 V/cm. Es wurde gezeigt, dass Fische, Vögel, Säugetiere und Menschen auf ELF-Signale reagieren, die bei einem Schwellenwert von 10 hoch 7 bis 10 hoch 8 V/cm gewebeelektrische Gradienten von ULF/ELF-oszillierenden Signalen erzeugen.

Dies schließt eine nonlineare resonante Absorption der ULF/ELF-oszillierenden Signale in Systeme mit ein, die natürliche Ionen-Oszillationssignale im gleichen Frequenzbereich verwenden. Es wurden daher Forschungen über das seit Langem bestehende, weltweit verfügbare natürliche ULF/ELF-Signal betrieben, dem Signal der Schumann-Resonanz, in Bezug auf einen möglichen, biophysikalischen Wirkmechanismus bei den beobachteten S-GMA-Wirkweisen. Man fand heraus, dass das Signal der Schumann-Resonanz in hohem Maße mit den S-GMA-Indizien der Anzahl der Sonnenflecken und dem Kp-Index korreliert.

Der physikalische Mechanismus besteht in der Ionen/Elektronen-Dichte der D-Region der Ionosphäre, die mit dem S-GMA variiert und die obere Grenze des Hohlraumresonators bildet, in dem das Signal der Schumann-Resonanz erzeugt wird. Dies bietet eine Grundlage für die Identifizierung der Signale der Schumann-Resonanz als den biophysikalischen S-GMA-Wirkmechanismus. In erster Linie geschieht das durch einen veränderten Melatoninspiegel.

Aus der Neurochemie ist bekannt, dass der Serotonin-Melatonin-Metabolismus sich auch auf die Ausbildung der höheren Tryptamine auswirkt. So wandelt sich beispielsweise über die Dimethyltransferase Melatonin in 5-MeO-DMT um und weiter in 6-MeOTHBC. Die Tryptamine zählen zu den psychoaktivsten Wirkstoffen. Sie führen zu bewusstseinserweiternden Zuständen, wie unter anderem Rick Strassman von der University New Mexico schon zu Beginn der 1990er-Jahre nachweisen konnte.

Wir müssen also davon ausgehen, dass kosmische Aspekte einen erheblichen Einfluss auf unser Bewusstsein haben. Unsere biologische Evolution ist schon immer durch kosmische Felder und Strahlen beeinflusst worden; ohne diese Größen wäre kein Leben möglich. Aber auch unsere innere Evolution hängt wesentlich davon ab. Da sich seit einigen Jahren die kosmischen Felder, die unsere Erde erreichen, zunehmend messbar verändern, hat das nachhaltige Folgen für den Menschen. So fand man Zusammenhänge zwischen den Intensitäten und Frequenzen dieser Felder und unseren psychischen und geistigen Auffälligkeiten. Das Spektrum reicht von Halluzinationen bis hin zu Depressionen.

Immer häufiger warnen NASA-Forscher öffentlich davor, dass wir zwischen 2012 und 2013 mit noch weit höheren Feldeinflüssen rechnen müssen als bisher. Wir werden deshalb in naher Zukunft vermehrt mit psychischen Auffälligkeiten konfrontiert werden. Die Wirkmacht spezifischer geomagnetischer Felder auf unser neuronales System, unsere Gehirnfrequenzen, unsere gesamte Gehirnchemie sowie auf unser Träumen, Fühlen, Denken und Handeln wird sich unübersehbar zeigen. Bedenken wir nun die Abhängigkeit der geomagnetischen Reaktionen von der Sonne, so können wir feststellen, dass die Sonne tatsächlich – wie die Maya sagten – unser Bewusstsein verändern wird.

Bisher schien die gesamte Evolution einer »kosmischen Absicht« zu folgen, verlief aber nicht kontinuierlich, sondern auch in »Sprüngen«: Immer wenn Schwellenwerte der Erfahrungen erreicht wurden, entstand eine neue Spezies. Dabei ist nicht zwingend ausschlaggebend, dass Anpassungsstrategien verfolgt wurden, wie es die darwinsche Evolutionstheorie behauptet. Ginge es nach seinem Parameter des »survival of the fittest«, wäre die menschliche Spezies niemals entstanden. Wir haben kein Fell, das uns vor Kälte schützt, und keine großen Zähne und Klauen, die uns das Erjagen der Beute erleichtern. Vielmehr musste es einen »Willen« des Kosmos geben, den Menschen zu erschaffen.

Dieser »Wille« drückt sich faktisch als intensivierte Sonnenaktivität aus. Blickt man zurück in die Vergangenheit, so stellt sich heraus, dass Blüte und Untergang von Hochkulturen immer analog zu spezifischen Sonnenaktivitäten stattfanden. Das gilt für alle bekannten Epochen, für die der Maya, der sumerischen und ägyptischen Hochkultur und für die des Römischen Reichs.

Diese auffälligen Interdependenzen wurden erstmals 1978 von der NASA veröffentlicht. Ihr Mitarbeiter J. A. Eddy publizierte eine Studie, in der sämtliche Auf- und Abwärtsbewegungen von Hochkulturen in Korrelation mit Sonnenaktivitäten dokumentiert wurden.

Zu den spektakulärsten Ergebnissen zählen die Arbeiten

von Michael Persinger, der seine Studien im Auftrag der NASA erstellte. Persinger konnte durch sehr schwache Magnetfelder, die an den Köpfen von Probanden appliziert wurden, spirituelle Erfahrungen induzieren. Bei allen befeldeten Probanden trat eine Bewusstseinserweiterung auf. Von anderen Arbeitsgruppen konnten ähnliche Ergebnisse durch nicht thermische HF-Signale (im MHz-Bereich, die mit 8 Hz moduliert wurden) erreicht werden.

An dieser Stelle möchte ich den Bogen schließen zu meiner anfänglichen These einer spirituellen Evolution, die direkt aus dem Kosmos gesteuert ist. Da wir über unser Bewusstsein unmittelbar auf die Materie einwirken können, bewiesen durch die Quantentheorie, sind wir im Begriff, im wahrsten Sinne des Wortes die Welt zu verändern. Was der Biologe Bruce Lipton im engeren Bereich der körperlichen Gesundheit herausfand, die kausalen Beziehungen zwischen Veränderungen des individuellen Bewusstseins und der Zellgesundheit, lässt sich auch auf den Makrobereich übertragen.

Ich gehe davon aus, dass das menschliche Bewusstsein einen Einfluss auf eine größere Umgebung ausüben kann. Unsere Gedanken und Emotionen sind letztlich nicht auf unseren Körper beschränkt. Beides korreliert mit physikalischen Feldern, die den Kosmos mit den entsprechenden Informationen bereichern.

Unser Universum kann als ein riesiges Quantenfeld verstanden werden – hier herrschen die Gesetze von Verschränkung und Nonlokalitäten (EPR-Paradoxon). Durch den Physiker Heim und den Mathemtiker Dröscher wissen wir, dass der Kosmos mit all seinen Inhalten aus den geistigen Dimensionen erschaffen wurde. Nach neuesten Modellen existiert zwischen den geistigen Dimensionen und dem materiellen Kosmos eine komplexe Rückkopplungsschleife. Hierdurch ist jeder einzelne Mensch nicht nur mit dem gesamten Kosmos verbunden, bewusste Menschen üben ebenso einen direkten Einfluss auf ihn aus.

Das, was ein Mensch fühlt und denkt, findet sofort seine Entsprechung im Kosmos. Tatsächlich weist eine Studie von Greg Bradden darauf hin, dass größere galaktische Ereignisse, wie etwa die Sonnenaktivität, durch ein Individuum und durch Gruppengedanken beeinflusst werden können. So gesehen, hätte ein globales Bewusstsein seine Auswirkungen auf die Sonnenaktivität, die wiederum unser Bewusstsein beeinflusst.

Lyn McTaggart, die sich eingehend mit derartigen Wechselwirkungen befasst, kommt zu dem Ergebnis, dass ein universelles Quantenfeld existiert, welches durch menschliches Bewusstsein beeinflusst wird. In ihrem Buch *The Intention Experiment* berichtet sie, dass Gruppen von Menschen durch eine positive Absicht ihre Umgebung beeinflussen und deren Leben verändern können. Die Wissenschaftlerin führte eine Reihe von Intentions-Experimenten durch. Sie verifizierten, dass positive Absichten von Personen innerhalb einer Gruppe, die ihre Gedanken auf bestimmte Ziele fokussieren, eine entscheidende Veränderung von Ereignissen überall auf der Welt herbeiführen können. Ihre Forschungen führen darüber hinaus zu der Erkenntnis, dass zwischen den Sonnenereignissen und dem globalen Bewusstsein eine komplexe Rückkopplungsschleife existiert.

Berücksichtigen wir nun diese Forschungsergebnisse, so

ist nicht mehr abzustreiten, dass die Menschheit tatsächlich unmittelbar vor einem Evolutionssprung steht. Der nächste Evolutionsschritt wird sich nicht primär in Form einer veränderten Morphologie vollziehen. Unser körperliches Erscheinungsbild wird sich sehr wahrscheinlich nicht verändern. Doch mit der Evolution unseres Bewusstseins wird eine Entwicklungsstufe erreicht werden, die dem »Neuen Menschen« der Maya sehr nahe kommt.

In unserem Erbgut liegen 97 % inaktive »Junk-DANN« brach, die nur auf ihre Freischaltung warten. Hinzu kommt, dass unsere Gehirnleistung nur zu einem Bruchteil seiner sinngebenden Kapazität genutzt wird. In jeder Sekunde nehmen unsere Sinnesorgane etwa 40 Millionen Bits auf. Nur etwa 30 bis 50 Bits pro Sekunde erreichen unsere gegenwärtige Wahrnehmung und damit unser Bewusstsein. Ganz offenbar haben wir noch längst nicht alle Optionen nutzen können, die uns bereits gegeben wurden.

Ähnlich wie seinerzeit Platon mit seinem »Höhlengleichnis« auf den Unterschied zwischen der »Schattenwelt« und der Realität hinwies, wird der »Neue Mensch« sich aus seiner Höhle befreien. Er wird für die Energien des Kosmos auf ungekannte Art und Weise empfänglich sein und dabei sein gesamtes energetisches Potenzial nutzen. Er wird seine Lebensweise ändern und seine Ziele und Werte neu ausrichten. Die Bewusstseinsveränderung, von der ich spreche, ist im Kern eine Wiederannäherung an die universalen Energien. Durch die vielfältigen Feldeinflüsse, aber auch durch die Erfahrung sich häufender Naturereignisse, wird der Mensch aufwachen. Er wird die Augen aufschlagen und seine wahre Natur erkennen.

Sie müssen diesen Evolutionssprung nicht abwarten. Schon jetzt kündigt er sich an, durch spirituelle Bewegungen, die an Einfluss gewinnen. Noch werden ihre Vertreter von den Entscheidern als Träumer oder altruistische Fantasten abgetan. Aber das wird nicht so bleiben. Wir stehen an der Grenze der Überdehnung aller unserer technischen, gesellschaftlichen und philosophischen Systeme. Und wir stehen zugleich an der Grenze eines neuen Bewusstseins, das uns eine gesündere, glücklichere und auf Kooperation basierende Zukunft verspricht. Denn Energieaustausch ist substanziell kooperativ. Er ist das Gegenteil der egoistischen Verhaltensweise. Synergien herzustellen wird die Schlüsselkompetenz der kommenden Jahre und Jahrzehnte sein.

Wenn Sie sich der kosmischen Energien bewusst sind und alles dafür tun, Ihre energetische Balance zu finden, so sind Sie gewappnet für die Umbrüche, die uns bevorstehen. Und Sie werden zu jenen gehören, die diese Umbrüche klug begleiten, mit kreativen Ideen, mit einer synergetischen Kraft, mit einem spirituell erleuchteten Geist. Betrachten Sie Energiearbeit auf allen Ebenen Ihrer Existenz als eine erschaffende Größe, die Ihren Mikrokosmos, aber langfristig auch den Makrokosmos positiv steuert. Sie haben es in der Hand.

Eine Zusammenfassung auch dieses Kapitels mag Ihnen den Überblick über die komplexe Materie erleichtern.

Checkliste – Schöpferische Energie

- Zurzeit beobachten wir eine globale Krise unserer Zivilisation. Sie drückt sich als Zusammenbruch von Teilsystemen aus, in Form von Finanzkrise, gesellschaftlichen Brüchen und terroristischer Destabilisierung, weist aber auf eine Überdehnung des gesamten Systems hin.
- Mit dem Begriff der spirituellen Evolution gerät ein neues Paradigma in die Überlegungen. Sie schließt an Darwins Evolutionstheorie an, überschreitet sie aber. Während Darwin optimale phylogenetische Anpassungsstrategien im Namen des Überlebens postuliert, bezieht sich die spirituelle Evolution auf eine Entwicklung des menschlichen Bewusstseins.
- Die innere Evolution ist somit originär geistig-energetischer Natur. Ihr Ziel ist die Rückführung an das Energiesystem des Kosmos. Durch unsere Lebensweise und unser Denken haben wir uns von diesen Quellen entfernt und die notwendigen Informationen des kosmisch-energetischen Hyperraums weitgehend verloren.
- Um uns auf den Evolutionssprung des Bewusstseins vorzubereiten, sendet uns der Kosmos Warnungen. Dies geschieht durch auffällig häufigere Naturkatastrophen wie Erdbeben und Überschwemmungen. Sie sollen uns wachrütteln, uns zeigen, dass wir wesentliche Aspekte unseres Seins missachten.
- Verantwortlich für die Zunahme solcher Katastrophen sind zwei Faktoren, die ineinander verschränkt sind. Zum einen sind es die vermehrten Sonnenaktivitäten, die durch eine Änderung des Erdmagnetfelds empfindlich in das natürliche

Gleichgewicht eingreifen. Zum anderen aber sind es auch die negativen Gedanken der Menschen, die als kollektive negative Energie einen fatalen Einfluss auf das materiell Sichtbare ausüben.

- Der Kosmos greift korrigierend ein, indem er zugleich Frequenzen aussendet, die sich bei vielen Menschen als bewusstseinserweiternd auswirken. Sie werden befähigt, ihr Bewusstseinspotenzial intensiver zu nutzen und die richtigen Fragen zum destruktiven Lebensstil unserer Kultur zu stellen.
- So wie bei Krankheiten der Hyperraum mit dem Gift das Gegengift bereithält, enthalten auch die vielfältigen kosmischen Irritationen die Option, etwas Entscheidendes zu verändern. Dabei geht es vorrangig um eine Eindämmung des Egos, das die Welt unheilvoll verändert hat, durch Besitzgier, Rücksichtslosigkeit und Zerstörungsbereitschaft.
- Wir haben es also mit einem komplexen energetischen Informationssystem zu tun, das uns aufruft, unsere Werte und Verhaltensweisen grundsätzlich zu überdenken und neu zu formulieren – im Einklang mit den erschaffenden Kräften des Kosmos.
- Die Perspektive der inneren Evolution ist die Entwicklung des »Neuen Menschen«. Dieses evolutionäre Ziel wurde bereits im Kalender der Maya dokumentiert, die für 2012 eine Zeitenwende prognostizierten. Ihr Kalender orientierte sich an den Sonnenaktivitäten, und sie sagten für 2012 gewaltige Explosionen voraus, sichtbar an den Sonnenflecken. Im Gefolge würde die Menschheit ihre göttliche Dimension entdecken.
- Synthetisiert man Mythos und Naturwissenschaft, so ergibt sich das schlüssige Bild eines bewussten Kosmos, der mit seinem Willen unsere Evolution steuert und auch dafür

sorgte, dass die Spezies Mensch überhaupt entstand, trotz ihrer mangelhaften Angepasstheit an den Überlebenskampf in der Natur.

- Medium und Taktgeber der spirituellen Evolution ist dementsprechend die Sonne, die sowohl mentale – also energetisch schwingende – Impulse der Menschen aufnimmt als auch korrigierend eingreift.
- Durch wirkmächtige Manipulationen unseres Gehirnstoffwechsels kann die Sonne respektive der Kosmos einen Bewusstseinswandel begünstigen oder sogar schockhaft provozieren, was einen Evolutionssprung hervorrufen wird.
- Der »neue Mensch« wird sich in Kongruenz zur kosmischen Energie verhalten, kooperativ und auf Synergien ausgerichtet. Das egoistische Denken wird damit eliminiert, und der Weg ist frei für eine Kultur des Aufbauens und Erschaffens.
- Der Prozess ist vorerst abgeschlossen, wenn Mikro- und Makrokosmos wieder in Harmonie schwingen und der Energieaustausch ungehindert erfolgen kann. Sehr wahrscheinlich werden sich dadurch völlig neue Formen von Gesellschaft, Arbeit und Technik ergeben. Sicher ist, dass sich mit den Mega-Outbursts eine neue Hochkultur ankündigt, wie es im Laufe der Geschichte stets der Fall gewesen ist.
- Schon jetzt können wir diese Entwicklungen antizipieren, indem wir unser Bewusstsein auf die anstehende Transformation vorbereiten und uns durch intensive Energiearbeit dafür sensibilisieren. Je mehr Menschen sich dieser Bewegung anschließen, desto wirkmächtiger und friedvoller wird die innere Evolution auch im Äußeren spürbar sein.

6. Energieritual
Anschluss an die erschaffenden Synergien finden

1 Dieses Energieritual findet auf einer sehr hohen Ebene statt. Es ist empfehlenswert, es erst auszuüben, wenn Sie mit den vorhergehenden Energieritualen vertraut sind.

2 Schaffen Sie sich eine Ruhezone Ihrer Wahl und setzen Sie sich an Ihren Lieblingsplatz. Stellen Sie sicher, dass Sie nicht durch das Klingeln von Telefonen oder Ähnlichem gestört werden.

3 Atmen Sie tief ein und aus. Spüren Sie, wie Sie mit jedem Atemzug Energie aufnehmen und abgeben. Senden Sie Ihre besten Gedanken mit jedem Atemzug in den Kosmos: Liebe, Mitgefühl, Selbstliebe, Einverstandensein mit dem, was ist.

4 Stellen Sie sich nun vor, dass Sie mit jedem Atemzug etwas verändern. Schicken Sie Energie an einen Menschen, der krank oder depressiv ist. Versorgen Sie Ihre gesamten Familienmitglieder, Freunde und Bekannten mit Energie. Gehen Sie weiter und entsenden Sie Ihre besten erschaffenden Energien dorthin, wo Krieg oder Hunger herrscht.

5 Achten Sie auf die Antworten. Visualisieren Sie, dass sich nun positive Rückmeldungen einstellen, Botschaften des Danks und der Heilung. An dieser Stelle muss ich immer unwillkürlich lächeln, und ein Glücksgefühl durchströmt mich.

6 Freuen Sie sich daran, dass Sie über Zeit und Raum hinweg eine Schaltstelle für Energie sein dürfen. Denken Sie an alle Gleichgesinnten rund um den Globus, die in diesem Augenblick ebenfalls das Netz der erschaffenden Energien verstärken.

7 Verbünden Sie sich mit diesen Menschen. Tauschen Sie sich mit ihnen aus, mit deren Gedanken, Ideen und Gefühlen. Es bedarf keiner Worte, um das zu tun. Vermutlich werden Bilder in Ihnen aufsteigen, Emotionen, besondere Wahrnehmungszustände.
8 Die gesamte Welt ist in Ihrem Zimmer, bereit zum Austausch, bereit, synergetisch mit Ihnen zusammen zu wirken.
9 Sie werden jetzt viel empfangen, vielleicht mehr, als Sie verkraften können. Filtern Sie die Energie, indem Sie voller Zugewandtheit transformieren und wieder abgeben.
10 Schließen Sie dieses Ritual ab, indem Sie leise sagen: »Alles ist mit allem verbunden. Ich bin Teil einer großen Transformation des Bewusstseins. Ich gebe und ich empfange. Ich erschaffe mich und alles, was ist, neu.«
11 Dann halten Sie eine Weile den Atem an, so lange Sie können, und atmen heftig aus. Öffnen Sie die Augen. Schütteln Sie leicht Ihre Fingerspitzen.
12 Verharren Sie noch einige Momente in völliger Ruhe, bevor Sie sich anderen Tätigkeiten zuwenden.

7. LIEBENDE ENERGIE –
der Weg zum inneren Licht

Liebe Leserin, lieber Leser, erlauben Sie mir, dass ich Sie in diesem letzten Kapitel ganz persönlich anspreche. Ich hoffe, dass meine Ausführungen zum Thema Energie hilfreich für Sie waren und dass Sie dem Geheimnis einer energetischen Existenz nähergekommen sind. Im Folgenden möchte ich Ihnen eine Handreichung mit auf den Weg geben, die als Schlussstein und Krönung Ihrer spirituellen Praxis gedacht ist. Dabei geht es um eine Form der Meditation, die Sie besonders intensiv mit Energie versorgt, im Austausch mit den universalen Kräften des Kosmos hält und die Begegnung mit dem »Höheren Selbst« ermöglicht.

Was meine ich, wenn ich vom »Höheren Selbst« spreche? Das sind Sie in Ihrem ganzen Persönlichkeitsreichtum, mit Ihren besten Anlagen, Ihren liebendsten Gedanken, Ihren stärksten positiven Energien. Das heißt, es ist die kosmisch gewollte und gewählte Individualität Ihrer Existenz, gereinigt von allem Belastenden, von Störungen und Ablenkungen. Es ist gleichsam das Ideal, das als Vorlage im Hyperraum gespeichert ist und sich kreatürlich auf der Erde manifestiert hat.

Das »Höhere Ich« wird im empirischen Sein allerdings meist überlagert von Erziehung, Anpassungsstrategien, Ratio, Intellekt, also von allem Erworbenen und Erlernten, das die göttliche Dimension Ihres Ichs verdeckt. Solche Blockaden sind äußerst negativ. Sie geraten vielleicht auf Abwege, zerstören sich und andere, statt sich täglich neu zu erschaffen und damit am Ganzen mitzubauen. Kontakt zum »Höheren Selbst« erhalten Sie durch spirituelle Energiearbeit. Dafür braucht es Bedingungen absoluter Ruhe, in denen Sie das Erlernte und alle Ablenkungen ausschalten und sich ganz auf Ihren Geist und Ihre Seele konzentrieren. Im besten Falle erlaubt eine Meditation, in die kosmisch geformten inneren Bereiche vorzudringen, ohne dass die Einflüsterungen fremdbestimmter Vorgaben die innere Balance ins Wanken bringen.

Niemals war innere Ausgeglichenheit für uns wichtiger als heute. Obwohl die Anforderungen und der Stress überhandnehmen, kommen wir immer weniger zu dem Gebrauch von meditativen Übungen, die uns diesen Anforderungen überlegen machen. Aber selbst wenn wir Meditationen zur Erlangung der inneren Ruhe praktizieren, scheint uns der Alltag doch immer schneller wieder einzuholen. Reichen diese Übungen nicht mehr aus? Sollten wir mehr Zeit in sie investieren? Sind wir überhaupt noch fähig, uns den strapaziösen Überforderungen zu entziehen?

Ich weiß aus eigener Erfahrung, dass auch ein sehr bewusstes, spirituell ausgerichtetes Leben uns nicht immer davor schützen kann, den Sinnesüberreizungen zu entfliehen, die zum Burn-out führen. Unzählige Informationen stürzen auf uns ein, fast jeder steht regelmäßig unter Stress, Erfolgs-

und Leistungsdruck tun ihr Übriges. Diese erheblichen Störfaktoren machen dabei nur den bewussten Teil unserer Wahrnehmung aus. Auch unsere Sinnesorgane werden mit Reizen überflutet, die unsere Umwelt uns durch ständig zunehmende Ereignisse zumutet.

Der größte Teil dieser Ereignisse entzieht sich allerdings unserer bewussten Wahrnehmung. Tatsächlich registrieren wir nur etwa einen millionsten Teil dessen, was auf unsere Sinne einwirkt. Ungeachtet dieses erstaunlichen Missverhältnisses, werden solche »unbewussten Informationen« von unserem vegetativen Nervensystem erfasst und verarbeitet. Die Folgen sind Nervosität, Unruhe, Schlafstörungen und Aggressivität – um nur die psychischen Auffälligkeiten zu nennen.

Wie wirkmächtig negative Energien den gesamten Organismus beeinflussen, belegte eine legendäre Versuchsreihe in den 1960er-Jahren. Dabei verwehrte man den Probanden die Sinneswahrnehmungen: Man verband ihnen die Augen, versiegelte die Ohren und neutralisierte den Geruchssinn durch eine parfümierte Schutzmaske. Überdies durften sie auch nicht den Tastsinn oder den Geschmackssinn nutzen. Dann führte man sie an verschiedene Orte, ohne dass sie wussten, wo sie waren – auf einen Friedhof, eine Kirche, ein Schlachthaus, in den Wald, zu einem Bahnhof. Dabei wurde streng darauf geachtet, dass sie primär nichts wahrnehmen und entsprechend interpretieren konnten.

Allein über die Wahrnehmung der Haut und durch ihre energetische Sensibilität hatten die Versuchspersonen Kontakt mit der Außenwelt. Ausnahmslos alle spürten, dass sie wahlweise ruhig und entspannt wurden oder aber aus dem Rhythmus kamen, bis hin zu depressiven und aggressiven

Steigerungen. Im Schlachthof waren die negativen Empfindungen am extremsten, während der Wald am angenehmsten wirkte.

Die Studie belegte, wie empfänglich wir für störende Energiefelder sind und wie nachhaltig sie das eigene Energiesystem deformieren, während andere Orte uns mit positiver Energie versorgen. Ich selbst kenne Kraftplätze von ungeheurer Intensität – etwa die Pyramiden von Gizeh, Stonehenge in Südengland, Cuzco und Nazca in Südamerika. Es sind Orte, die unsere Vorfahren mit Bedacht auswählten, weil sie energetische Zentren sind, meist mit besonderen Konzentrationen elektromagnetischer Strahlung. Dadurch, dass sie in heiligen Riten zusätzlich energetisiert wurden, haben sie bis heute ihre eigentümliche Ausstrahlung erhalten.

Natürlich sind dies Ausnahmesituationen. Der Regelfall ist die Konfrontation mit starken Störfeldern, wie sie der Alltag unweigerlich vorgibt. Umso dringlicher ist es, dass wir Rückzugsgebiete kultivieren. Sie sind nicht geografischer, sondern innerer Natur. Man könnte sie als Bewusstseinsreisen bezeichnen, die uns zurückführen an die Quellen der ewigen Energien. Emphatisch gesprochen, sind es innere Paradiese.

Wir müssen davon ausgehen, dass ein erregter oder irritierter Geist sich seiner Intuition und göttlichen Führung, dem »Höheren Selbst«, verschließt. Eine innere Ausrichtung dagegen erfolgt ausschließlich im Zustand der absoluten Ruhe und Ausgeglichenheit. Doch davon sind wir weiter entfernt, als uns lieb ist. Nicht zuletzt der Verbrauch von Beruhigungsmitteln hat in den letzten fünf Jahren alarmierende Ausmaße angenommen, ein Indiz dafür, dass viele Menschen ihrer inneren Unruhe nicht mehr Herr werden.

Wenngleich wir nur relativ wenig Einfluss auf die Reduktion der Stressoren haben, sind wir dennoch in der Lage, unsere Einstellungen hierzu zu ändern. Wie ich zu Anfang dieses Buches darlegte, unterscheidet die Medizin zwischen zwei Arten von Stress, dem Eustress und dem Disstress. Der Unterschied dieser beiden Stressoren besteht in unserer persönlichen Wahrnehmung, das heißt der Bewertung des Stresses.

Wenn eine Mutter das Weinen ihres Kindes wahrnimmt, wird sie etwas anderes dabei fühlen als ein Arbeiter, der soeben von seiner mühseligen Nachtschicht heimkehrt und dieses Weinen als belästigend empfindet. So entscheidet letztlich unsere Einstellung gegenüber den Stressereignissen darüber, ob wir Eu- oder Disstress erfahren.

Um unser Bewusstsein und damit auch die Bewertung solcher Ereignisse zu ändern, sollten wir unsere wahrhaftige Position im Universum erkennen. Erfahrungsgemäß kehren beispielsweise Bergwanderer von ihrer Tour mit der Erkenntnis zurück, dass die Welt, »von oben betrachtet« vieles von dem relativiert, was uns im Alltag wichtig ist und uns Hektik und Stress beschert. Im Alltag sind solche Praktiken der inneren und äußeren Distanzierung nur selten umzusetzen, da wir ja das Leben meistern möchten, in dem wir uns faktisch befinden, und nicht fliehen sollten.

Leider halten viele Menschen auch die Meditation für eine Flucht. Sie sehen nicht, dass sie eine wichtige Ergänzung der empirischen Realität ist und auf diese harmonisierend zurückwirkt. Das Argument dagegen, es fehle die Zeit für Meditation, halte ich für eine Setzung falscher Prioritäten. Wer keine Zeit für sich hat, verliert den Kontakt mit sich selbst und wird weder nehmen noch geben können. Überdies wird er dem Alltag und seinen Stressbelastungen hilflos gegenüberstehen.

Die eigentliche Gefahr besteht darin, dass wir die belastenden Umweltfaktoren meist nicht bewusst wahrnehmen. Gerade weil uns oft nicht bewusst wird, dass wir unter Stress stehen, entfaltet er seine gefährliche Wirkung, zumal dann, wenn es sich um Dauerstress handelt. Wer ist sich schon darüber im Klaren, dass Disstress bereits einsetzen kann, wenn wir einen spannenden Film im Fernsehen ansehen oder uns als Autofahrer über einen Stau ärgern? Mehrere solch kleiner Stressoren oder ein andauernder Stresseinfluss sind auf Dauer gesehen mindestens genauso schädlich wie tatsächliche bedrohliche Situationen.

Als Ausweg aus der permanenten Überreizung können zwei grundsätzliche Wege empfohlen werden: die Reduzierung der Reizeinflüsse und das Erlangen innerer Ruhe durch Meditation. Der erste Weg ist für wenige gangbar, erfordert er doch streng genommen einen eremitischen Rückzug. Daher gewinnt die Meditation hier eine substanzielle Bedeutung. Sie ermöglicht uns, dass wir uns wieder auf das Wesentliche konzentrieren, das wir aus dem Blick verloren haben.

Auf die Reinigung des Geistes folgen Entspannung, innerer Frieden und Gelassenheit. Meditation ist daher die Kunst, sich jedem Augenblick mit ruhiger Bewusstheit zu öffnen, weil man im ständigen Kontakt mit seinem »Höheren Selbst« ist. An dieser Stelle möchte ich noch einmal darauf hinweisen, dass Meditation eine vollständig natürliche, anstrengungslose Vorgehensweise ist, die den Geist zum Ursprung des Denkprozesses führt – an den Punkt, an dem der

Geist zu reinem Bewusstsein wird. Es klingt paradox: Es ist ein Denken ohne Denken. Dieses reine Bewusstsein ist ein Bereich unbegrenzter Kreativität, Intelligenz und unermesslichen Glücks. Wenn der Geist dann wieder aus der Meditation hervortritt, so tut er es mit mehr Energie, Lebensfreude und Optimismus. Er verhält sich dann wieder im Rahmen der energetischen Naturgesetze.

Ich nenne diese Auswirkungen die Entdeckung des inneren Lichts. Es ist reine Liebe – die Liebe zu sich selbst und zu allem, was existiert, ein harmonisches Einverstandensein mit dem Universum. Sie hilft uns sogar, Disstress in Eustress zu transformieren, weil Belastungen unser Bewusstsein nicht mehr erreichen. Solange wir unser ureigenstes Ich von äußeren Faktoren deformieren lassen, werden wir an den Folgen des Disstress leiden. Nehmen wir sie aber akzeptierend als Aufgaben hin, die unserer äußeren Existenz zuzuordnen sind, befreien wir uns innerlich.

Diese heilsame innere Distanz ist keine Verachtung der äußeren Welt, sondern liebevolles Verstehen. Das erhält uns die lebenswichtige Energie. Liebe ist die stärkste Energie überhaupt. Dabei sollten wir uns vergegenwärtigen, dass wir oft nur eine eindimensionale Vorstellung von der Liebe haben. Als Generalbegriff bleibt sie diffus, daher ist es sinnvoll, zunächst einmal zwischen Eros, Karitas und Agape zu unterscheiden.

Der Eros steht für die Liebe zwischen Mann und Frau beziehungsweise gleichgeschlechtlich orientierten Partnern. Er ist durch Leidenschaft und Begehren geprägt, weist aber auch eine gewisse Instabilität auf, die jeder nur zu gut kennt. Der Eros ist launisch, flammt spontan auf und kann schon nach kurzer Zeit wieder erlöschen. Damit ist er eine vergängliche, wenn auch äußerst mächtige Form der Liebe. Wer jemals verliebt war, weiß, dass er völlig »außer sich« geraten kann, wenn die Liebe ihn trifft wie ein Blitz. Er ist nicht mehr Herr seiner Gedanken und Gefühle, und vieles, was er in diesem erregenden Zustand tut, könnte ihm später peinlich sein oder sogar leid tun.

Anders die Karitas. Sie steht für das Mitfühlen und Mitleiden mit anderen Menschen und entspringt einer intuitiven Empathie. Von ihr sind Menschen beseelt, die sich für andere aufopfern und ihnen helfen, auch wenn sie selbst keinen sichtbaren Nutzen daraus ziehen. Meist sind sie getragen von einem hohen ethischen Bewusstsein, das ihnen die Pflicht auferlegt, von den eigenen Bedürfnissen abzusehen, um sich um Mitmenschen zu kümmern. Wohltätigkeit, Nächstenliebe und Barmherzigkeit zeichnen die Karitas aus, eine tiefe Solidarität mit dem Menschen schlechthin. Es ist eine Liebe der Wertschätzung und des uneigennützigen Wohlwollens.

Archetypische Vertreter der karitativen Liebe sind Nonnen und Mönche, die ihr Leben Gott und damit dem Nächsten geweiht haben und auf weltliche Entlohnung verzichten. Heute ist die Caritas weitgehend professionalisiert. Ärzte und Krankenschwestern haben einen Beruf, mit dem sie ihr Geld verdienen, wobei man nicht vergessen darf, dass viele von ihnen das Ethos des Dienens und der Aufopferung auch unter diesen Umständen verwirklichen. Ich habe Ärzte und Heiler kennengelernt, die aufgrund ihres entwickelten karitativen Bewusstseins Außerordentliches zu leisten imstande sind, ihnen gilt mein höchster Respekt.

Die Agape schließlich ist die höchste und reinste Form der Liebe. Sie wird oft als Synonym für die Karitas verwendet, doch sollte man hier differenzieren. Der Begriff Agape stammt aus dem Griechischen und wird im Neuen Testament als die reine Liebe Gottes definiert. Sie stellt keine Bedingungen, wartet nicht auf Belohnung und kennt keine Frustration. Man kann die Karitas als grundsätzliche Menschenliebe verstehen. Wer die Agape lebt, befindet sich in einem harmonischen Austausch mit seinen Mitmenschen.

Was sie von der Karitas unterscheidet: Wer die Agape verwirklicht, wird dies immer im Rückbezug auf eine metaphysische Gewissheit tun, im Bewusstsein, dass alle Menschen ihr göttlicher Ursprung verbindet. In Schillers Ode an die Freude heißt es: »Alle Menschen werden Brüder« – dieser Satz beleuchtet recht eindrücklich die gemeinschaftliche Ebene der Agape. Sie versetzt einen Menschen sogar in die Lage, seine Feinde zu lieben, wie es Jesus im Neuen Testament tut, wenn er um Vergebung für diejenigen bittet, die ihn kreuzigen.

Diesen drei Arten der Liebe möchte ich nun eine weitere hinzufügen, die kosmische Liebe. Sie ist am engsten der Agape verwandt und eine absolut bejahende, freudige Haltung aufgrund der spirituellen Gewissheit, dass alles mit allem verbunden ist. In einer schönen Umschreibung von Liebe sagen wir: »Jemand ist mir ans Herz gewachsen.« Für mich drückt diese Redewendung aufs Anschaulichste aus, was kosmische Liebe vermag: Ein anderer Mensch wird ein Teil von mir, und mehr noch: Ich erkenne, dass er durch die Kraft der Liebe und die erschaffenden Energien des Kosmos zum Kern meines Wesens, zu meinem Herzen gehört. Trennungen existieren dann nur noch im Außen, nicht aber in der energetischen Sphäre.

Die Liebesenergie ist damit die Matrix der Verbindung, die den universellen Austausch und das Bewusstsein der Zusammengehörigkeit spürbar macht. Sie kann die Gestirne ebenso einbeziehen wie Steine, Tiere oder Menschen. Es ist eine ganzheitlich orientierte Liebe, die uns die Vernetztheit allen Seins bewusst macht. Ich halte sie für die reinste, die Urform von Liebe. Sie schließt die Selbstliebe ein, nicht als Selbstverliebtheit, sondern als Wissen um das »Höhere Selbst«, die kosmische Bestimmung.

Was uns an der Selbstliebe hindert, habe ich Ihnen bereits geschildert. Am unheilvollsten wirken hier die Vorgaben der »Optimierungsgesellschaft«, die uns ständig einflüstert, dass wir uns ändern müssten, um mitzuhalten. Was uns dagegen zur Selbstliebe und damit auch zum »Höheren Selbst« führt, ist eine spezielle Form der Meditation. Sie überschreitet alle bisher genannten Meditationsformen, weil sie reines Schauen des »Höheren Selbst« bedeutet. Selbst für spirituelle Meister ist sie eine enorme Herausforderung – absolutes Loslassen und absolute Versenkung. Für viele bleibt sie ein Leben lang ein unerreichtes Mysterium.

Ich habe mich seit Jahrzehnten mit verschiedensten Meditationstechniken auseinandergesetzt und blieb doch auch immer auf der Suche nach dem Königsweg. Die genannten Schwierigkeiten, zu wahrer innerer Ruhe und Tiefenentspannung zu gelangen, beschäftigen auch die vielen Menschen, die meine Seminare besuchen. Oft schaffen sie es einfach nicht, gewisse Intensitätswerte zu erreichen, weil sie völlig konditioniert sind von diktierten Denkmustern, die hartnäckig zurückkehren, während und nach der Meditation.

Für alle, die mit solchen Blockaden kämpfen, habe ich die Meditation entwickelt, die am Ende dieses Kapitels steht. Sie baut gewissermaßen eine Bühne für das innere Ich und erlaubt bei regelmäßiger Anwendung, das »Höhere Selbst« zu erkennen. Lassen Sie sich nicht entmutigen, wenn sie Ihnen nicht sogleich gelingt. Aber Sie werden schon beim ersten Mal fühlen, dass Sie ein anderes Verhältnis zu sich gewinnen. Dass Sie sich gewissermaßen in einem neuen Licht sehen und dadurch das innere Licht in sich entzünden, das nichts anderes ist als das Wirken der kosmischen Energie.

Seit November 2010 gibt es eine weitere Möglichkeit, jene umfassende innere Ruhe zu erreichen und sie zu stabilisieren, die grundlegend für das Erkennen des »Höheren Selbst« ist. Es handelt sich hierbei um eine Klangkomposition, die auf archetypischen Frequenzmustern und Rhythmen aufgebaut ist. Die Wirkung dieser Komposition führt zu einem Zustand, der mit dem zu vergleichen ist, was sich im Normalfall erst nach etwa zehn Jahren Meditationspraxis einstellt. Durch eine konsequente Umsetzung von elementaren universalen Strukturgesetzen ist es mir gelungen, ein Klangszenario zu erstellen, das den Hörer in einen erweiterten Bewusstseinszustand versetzt.

Nachweislich konnte bereits nach einmaliger Klangeinwirkung ein Seinszustand erreicht werden, der nur außerordentlich selten auftritt – die Begegnung mit dem »Höheren Selbst«. Messungen haben ergeben: In diesem Zustand dominieren im menschlichen Gehirn die Deltawellen in einer auffallend niedrigen Frequenz von 0,5 bis 4 Hz. Sie sind typisch für die traumlose Tiefschlafphase – »nonREM-Schlaf« genannt. Es ist die tiefste Schlafphase, wo Zustände des Seins ohne Ego möglich werden. Sie ist gewissermaßen das Tor zum Unterbewusstsein, das sich in dieser Phase weit öffnet. Der sogenannte REM-Schlaf dagegen weist im EEG desynchronisierte Zustände auf, und es treten Betawellen in den Vordergrund. Den Namen hat diese Phase von den auftretenden schnellen Augenbewegungen, im Englischen »rapid eye movement«.

Bedauerlicherweise können wir aus der »nonREM«-Schlafphase keine Erinnerungen in unser Tagesbewusstsein herüberretten – außer in sogenannten Erleuchtungsmomenten, im spirituellen Kontext Samadi oder Satori genannt, wenn eine bewusste Wahrnehmung der latenten höheren Seinsebenen geschieht. Ein derartiges »vollkommenes Gewahrsein« war jedoch bereits nach etwa 20 bis 30 Minuten Einwirkzeit der Klangkomposition im EEG nachzuweisen. Die im Nachhinein beschriebene Erfahrung der Probanden fällt einheitlich positiv aus. Sie berichten von »nie da gewesenen Erfahrungen der Selbstwahrnehmung«, selbst dann, wenn sie bereits über eine mehrjährige Erfahrung mit Meditationen verfügen.

Ziel meines neuartigen Forschungsprojekts war es, elementare kosmische Strukturen in Klangfolgen und Frequenzen umzusetzen. Nach Hedwig Conrad-Martius existierte vor der Entstehung der heute bekannten Welt das Apeiron, ein dingloser Abgrund ohne Zeit und Raum – jedoch nicht ohne gewisse Protostrukturen, aus deren Dynamik sich später die Welt entwickelte. Zu dieser Auffassung kamen auch der Physiker Burkhard Heim und der Mathematiker Walter

Dröscher mit ihren Berechnungen und Forschungsergebnissen. Sie konnten mathematisch nachweisen, dass die dimensionslosen Längen, die reinen Zahlenparameter, schon vor dem Urknall vorhanden waren.

In jahrzehntelangen Studien ermittelten die beiden Wissenschaftler erstmals jene Protostruktur, die bereits vor dem Weltenanfang vorlag. Wir können sie als Urenergie bezeichnen, denn aus dieser Protostruktur entstand unser Kosmos, aus dieser Struktur heraus ist die Natur und sind auch wir Menschen aufgebaut. Sie spielte also bei der Weltentstehung eine wirkentscheidende Rolle.

Die gefundenen Protostrukturen sind u. a. ein wesentlicher Bestandteil einer Klangkomposition, zu der ich anregte. Sie transponiert die elementarsten Zahlenverhältnisse naturprägender Strukturen in hörbare Klangverhältnisse. Aus mengentheoretischen Berechnungen konnte man schlussfolgern, dass sich die Protostrukturen aus den Primzahlen 1 bis 19 ableiten lassen, mit Ausnahme der 2, die – als Symmetriebruch – erst später auftaucht.

Warum überhaupt Zahlen im Apeiron existieren konnten, ist eine tiefgründige Frage. Aber Zahlen sind eben Begriffe und keine Dinge, also vom materiellen Bestand des Universums unabhängig. Mit diesen Ergebnissen kann man Wahrscheinlichkeitsamplituden in Verbindung bringen, die auch in der gegenwärtigen Quantentheorie zusammen mit Kopplungskonstanten auftreten. Letztere sind gleichzeitig die Erzeugungs- und Vernichtungswahrscheinlichkeiten der Wechselwirkungsquanten. Diese sind ihrerseits dimensionslos und könnten ebenfalls bereits in der Vorzeit vorhanden gewesen sein.

Heim und Dröscher fanden heraus, dass Kopplungs- und somit dimensionslose Naturkonstanten wie die Feinstrukturkonstante des Lichts wegen ihrer offensichtlichen Zeitlosigkeit sehr einfacher Natur sein sollten – die Protostruktur trat als reine Primzahlenreihe auf. Das überrascht Sie? Nun, die Mathematik ist keine Erfindung der Menschen. Mathematische Sätze sind letztlich Verknüpfungen der komplexen Zahlen und der Primzahlen mit Raum und Zeit. Eine erste Neuerung von Platons Welt der Ideen erfolgte von der Zahlentheorie und Arithmetik aus. Diese Grundidee Platons wurde von Burkhard Heim, Walter Dröscher, Peter Plichta und Lothar Göring aktualisiert und mit einem soliden Fundament versehen. Die Forscher konnten auf diese Weise eine Urstruktur extrapolieren, die bereits vor dem Weltenanfang existierte.

Eine derartige Urstruktur stellt quasi eine raum- und zeitlose Zahlenfolge dar – die im »zeitlosen Webstuhl der Ewigkeit« einfach so »dahinschwebte«, wie Heim es umschrieb. Primzahlen gelten bis heute als Gerüst der Realität in Biochemie, Kernchemie und physikalischer Astronomie. Dies entspricht der Vermutung der Pythagoräer. Platon thematisierte sie später im kosmologisch und naturphilosophisch geprägten Dialog Timaios. Auch alle nachfolgenden Philosophen, die sich mit Zahlenstrukturen auseinandersetzten, befanden: Zahlen und ihre Gesetze bestimmen die Dinge und damit unsere physikalische Ontologie.

Kehren wir zum Ausgangspunkt zurück. Wenn die Begegnung mit dem »Höheren Selbst« eine derartige Relevanz für die energetische Arbeit hat, ist es eine hilfreiche Unterstützung, sich dabei nicht nur von Visualisierungen, sondern auch von Klängen unterstützen zu lassen, besonders dann, wenn diese Klänge energetische Urgesetze abbilden. Die darauf fußende Komposition, die ich »AUMEGA 1« betitelt habe, führt uns auf völlig natürliche Weise zu unseren höheren Potenzialen. Anhand der von mir erarbeiteten wissenschaftlichen Grundlagen darf ich davon ausgehen, dass wir durch diese Klänge in unmittelbaren Kontakt zur vorweltlichen Urenergie kommen.

Im Einzelnen besteht die Komposition aus polyrhythmischen Pulsationen, temperierten sowie rein gestimmten Clusterakkorden und Naturgeräuschen. Sie ergeben ein exogenes Klanggebilde, welches den körpereigenen Rhythmen eine Rückführung zum ganzheitlichen Gewahrsein anbietet. Während dieser Interaktion können Resonanzphänomene auftreten, welche als »Lösungsprozesse aufgestauter Konditionierungsmuster« interpretierbar sind. Mit anderen Worten: Wir können loslassen, was uns anerzogen und aufgedrängt wurde und was uns von unserem eigentlichen Ich trennt.

Was »AUMEGA 1« betrifft, sind ganz unterschiedliche Erfahrungen dabei gemacht worden. Neben der spirituellen Urerfahrung des »Höheren Selbst« berührte mich außerordentlich die Geschichte einer afrikanischstämmigen Frau, die seit Jahren in psychiatrischer Behandlung war. Sie hatte diverse Traumata zu bewältigen, das ahnte sie, doch war sie nie zum Kern ihrer Probleme vorgedrungen.

Als sie nach dem Klangerlebnis zu mir kam, war sie tränenüberströmt. »Ich habe das Blut gerochen«, schluchzte sie, »ich habe das Blut gerochen!« Die Musik hatte sie in die früheste Kindheit in Afrika zurückgeleitet. Damals, im Alter von vier Jahren, hatte sie mit ansehen müssen, wie ihre Eltern aus politischen Gründen ermordet wurden. Die Erinnerung daran war jedoch gelöscht – oder besser: verdeckt – worden, sodass sie sie nicht verarbeiten konnte. Die Klänge nun hatten die Szene wieder sinnlich in ihr Bewusstsein geholt. Sie konnte durch die nochmals durchlebten starken Emotionen endlich mit dem Prozess der Verarbeitung und Auflösung dieses Traumas beginnen.

Dies ist sicherlich ein sehr extremes Beispiel. In der meditativen Praxis würde ich es als Sonderfall behandeln, freue mich aber, wenn durch Meditation derart heilende Wirkungen hervorgerufen werden können.

Umgesetzt und eingespielt hat diese Komposition der österreichische Komponist und Klangdesigner Thomas Cochola, dem ich sehr dankbar dafür bin. Drei Jahre lang haben wir gemeinsam daran gearbeitet, ein alltagstaugliches Werkzeug zur Unterstützung des ganzheitlichen persönlichen Wachstums zu entwickeln. Dabei ist das Phänomen Klang in all seinen durchdringenden Qualitäten das Fundament und gleichzeitig das Verbindungsglied zwischen wissenschaftlich beweisbaren und intentionell erfahrbaren Eigenschaften des menschlichen Bewusstseins.

Ich habe die Vision, möglichst vielen Menschen ein erweitertes Bewusstsein zu ermöglichen für die unermesslichen Kräfte des Ganzen. Damit möchte ich jedem Interessierten die Chance anbieten, spirituell zu wachsen. Als Wachstum definiere ich das Wandern auf der naturgegeben existierenden Linie des Evolutionären – als Nachvollzug der spirituellen Evolution. Persönliche Konzepte transformieren sich dabei in sinnhaltige Wahrnehmungen der Existenz. Das Ziel ist energetische und spirituelle Vollkommenheit, im Sinne eines harmonisch übergeordneten und sich in jedem Moment ausgleichenden Autoregulativums.

Als ich die Komposition im Dezember 2010 erstmals erprobte, bei der Auramesse in Basel, sagte ich den Teilnehmern lediglich, dass ich ihnen eine bestimmte Meditationsmusik vorspielen werde. Nach erster Skepsis ließen sich alle darauf ein. Die Wirkung war unglaublich. Einige Teilnehmer erzählten voller Begeisterung, sie seien sich zum ersten Mal überhaupt in ihrer ganzen Dimension begegnet, so, als sei ein Schleier weggezogen worden, der über ihrem »Höheren Selbst« gelegen hatte. Andere waren kaum fähig zu sprechen, weil sie noch unter dem Eindruck dessen standen, was sie erfahren hatten. Ausnahmslos alle kehrten zu einem zweiten Seminar am Nachmittag zurück.

In den nachfolgenden Wochen erhielt ich viele Briefe und Mails, in denen mir die Seminarteilnehmer für das Erlebte dankten. Den Erfahrungsbericht einer Medizinerin darf ich mit ihrem Einverständnis abdrucken. Sie nannte die Auswirkung der Klänge »Ein Rendezvous mit sich selbst«. Sie können sich durch ihre Worte ein Bild davon machen, welche umfassenden, lebensverändernden Verwandlungen die Begegnung mit dem reinen kosmischen Ich nach sich ziehen kann:

»Obwohl ich eigentlich nichts erwartete, da ich schon seit bald sieben Jahren mit den ›Melodien der Sterne‹ von Viktor Philippi arbeite, stellte ich mit Staunen fest, wie diese wunderschönen neuen Klänge, den kosmischen Weltengesetzen und der Natur abgelauscht, etwas sehr tief in mir begannen zu berühren, in positive Schwingung zu bringen. Eine Resonanz entstand. Zuerst empfand ich einfach ein Wohlgefühl und zunehmende Entspannung. Dann begann mein Körper an verschiedenen Stellen zu rucken und zu zucken (rechtes Bein und Rücken) und mir verschiedene andere Stellen bewusst zu werden (Kopf, rechte Brust). Und immer stärker spürte ich ein Fließen in mir.

Als wir aufgefordert wurden, unseren Beobachter wahrzunehmen, erkannte ich ihn, wie er links vor mir stand und mich anschaute, dann kam der Beobachter des Beobachters rechts halb hinter ihm dazu, dann wieder einer links, immer kleiner werdend in einer Zickzacklinie, bis ins Unendliche aufgestellt, entsprechend einer Sinuskurve, der Grundschwingung des Universums, die räumlich gefaltet eine Spirale ergibt = Matrix. Und alles war ich! Ich fühlte mich gleichzeitig hier und im Unendlichen, vereint mit der Schöpferliebe!

Aus diesem Gefühl heraus merkte ich, wie es mich zu den Flötentönen der Musik senkrecht auf und ab zu bewegen begann, immer schneller, wodurch aus der Mitte heraus eine Drehung entstand, die eine zuerst spindelförmige, dann zu einer Kugel wachsende Form erzeugte. Dieses wunderbare Gefühl hat sich in der zweiten Meditation am Nachmittag nochmals verstärkt, als ich die Beobachter nicht nur linear in einer Sinuskurve aufgereiht erlebte, sondern unendlich viele Sinuskurven in alle Richtungen wahrnahm, wie in einem Spiegelkabinett, besser noch eine strahlende Kugel ohne Grenzen, wie eine Sonne, und der Mittelpunkt ein winziges Ich als Teil eines unendlichen Ganzen!

Das höhere Selbst? War es das kleine Ich? Oder das Ganze? Gleichzeitig hier und bis in die Unendlichkeit reichend? Schwierig in Worte zu fassen, wohl am ehesten das kleine Ich, das mir am nächsten war und ist, aber in die Unendlichkeit reicht! Dieses Gefühl der Unendlichkeit und des Eingebettetseins in eine liebende Matrix sprengte eine letzte Schicht von einengenden Hüllen aus Blockaden, die sich immer wieder mal in Form von Ängsten bemerkbar machten. Plötzlich durfte ich mich unendlich frei fühlen, grenzenlos, blockadenfrei und meiner Selbst bewusst!

Es war mir der Weg zu meiner ureigenen Quelle gezeigt worden, wo ich von nun an sein darf, um so meine göttlichen Kräfte mehr und mehr zu entfalten. Da braucht es kein Medium, sondern nur das Bewusstsein seiner Selbst, wo alles abrufbar vorhanden ist! Diese Kraft des Bewusstseins ist es, die uns weiterbringt und heilt! Und dabei sagte uns niemand, dass wir das so erleben sollen, es kam einfach!«

Liebe Leserin, lieber Leser, um gleich ein mögliches Missverständnis auszuräumen: Solche faszinierenden Erfahrungen sind auch ohne die entsprechenden Klänge möglich. Ich möchte Ihnen nichts aufdrängen oder Sie dazu bringen, die entsprechende CD zu erwerben. Sie ist nur eine Option von vielen, mehr nicht. Ich habe dieses Beispiel deshalb erwähnt, weil eine hochauthentische Schilderung des tiefen Glücks und der umfassenden Erkenntnis Ihnen eine Perspektive aufzeigen kann, was Sie erwartet, wenn Sie sich meditativ vollkommen öffnen. Es ist beeindruckend, zu sehen, in welche Dimensionen der Mensch gelangen kann, wenn er im Zustand der absoluten Tiefenentspannung ist.

Im Übrigen kann jede Musik, die für Sie persönlich eine Glücksquelle ist und Ihren Geist befreit, zu einem wertvollen Medium werden, das Ihre Meditation intensiviert. Nicht von ungefähr verstehen die Mythen aller Völker die Musik als Göttergeschenk, als Anfang der Welt. In einem indianischen Mythos heißt es: »Der Große Geist war die Quelle ohne Ende. Die Ahnen befahlen den Töchter-Winden, den Makrokosmos ins Dasein zu wehen. Der Große Geist verbarg sich und teilte sich in Nichte und Neffe. Die beiden sangen den Gesang der Schöpfung. Alles hallt von dieser Stimme wider – das Universum, die Galaxien, die Sonne und die Erde. Licht und Dunkel und alle Dinge sind nur ein Gesang des Großen Geistes.«

Und aus den Mythensammlungen der Südsee stammen die Worte: »Musik ist die Welt – Singen ist sie – langi – Singen, Schöpfung, Kosmos. Da hat er (der Tangata-Eingeborene) das Wort. Das All, Himmel ist langi, und die Erde ist talogangi, das untere Singen. Singen ist die ganze Welt, singen denn alle Dinge? Die Welt schweigt doch auch? Ist denn in Meeresstille und Waldesschweigen noch ein Lied zu hören? ›Ja‹, sagt der Tangata, ›auch jedes Schweigen hat seine Welt der Töne – nur darfst du nicht leichthin hinhören, du musst scharf hinhören mit deinem innersten Ohr.‹«

Was ich Ihnen empfehle, ist, Ihren eigenen Weg zu finden. Spirituelle Erleuchtung ist und bleibt ein sehr individueller Prozess. Er hat keine strengen Regeln und folgt den eigenen Bedürfnissen und Vorlieben. Auch wenn wir viele Gesetzmäßigkeiten für die Erlangung erweiterter Bewusstseinszustände kennen, die wissenschaftlich belegt sind – unter anderem durch Experimente mit elektromagnetischen Befeldungen, Frequenztherapien oder eben den »AUMEGA 1«-Klängen –, so bleibt es doch Ihnen überlassen, sich eine wirkungsvolle Technik auszuwählen, die Ihr inneres Ich befreit.

Wenn Sie jedoch vergleichbare Erfahrungen gemacht haben, wird Sie das für immer verändern. Speziell die Liebe wird für Sie nicht mehr dasselbe sein wie vorher. Das Erlebnis kosmischer Liebe beim Schauen des »Höheren Selbst« relativiert das Spiel der Emotionen, das Sie bisher kannten. Das betrifft Ihre Einstellung zu sich selbst und zum Universum, aber auch Ihre Liebesbeziehungen im engeren Sinne.

Gemeinhin sind wir unseren Gefühlen eher ausgeliefert, als dass wir sie bewusst wahrnehmen. Sie steuern uns aus Zonen des Unterbewusstseins und resultieren häufig aus diffusen biografischen Prägungen. Nur zu oft katapultieren sie uns in einen Zustand der Destabilisierung und Desorientierung – deshalb sprechen wir halb scherzhaft vom »Chaos der Gefühle«. Da wir meist nicht emotional authentisch agieren, weil wir weder unser inneres Ich noch unser »Höheres Selbst« kennen, täuschen wir uns leicht über die energetische Kommunikation mit dem Objekt der Begierde. Wir verlieben uns, weil jemand erotisch attraktiv, mächtig oder auf andere Weise beeindruckend wirkt.

Daher sollten wir uns fragen, was wir wirklich fühlen, ungeachtet des Äußeren oder des sozialen Status. Eine fehlgeleitete Liebesillusion raubt uns Energien in hohem Maße. Wir geben, ohne zu empfangen, wir investieren emotionale Energie und spüren oft zu spät, dass die vermeintliche Liebe uns aushöhlt und zersetzt. Vermutlich kennen Sie solche fatalen Beziehungen aus Ihrem Bekanntenkreis. Eine Frau hält zu ihrem Mann, obwohl er sie ausnutzt und betrügt; ein Mann ruiniert sich völlig für eine Frau, weil er sie mit allen Mitteln erobern will, obwohl sie ihn abweist. Als Zuschauer können wir dann nicht begreifen, warum Menschen aneinander hängen, obwohl sie sich gegenseitig zerstören.

Was steuert sie? Warum erkennen sie ihren Irrtum nicht? Warum hören sie nicht auf besorgte Freunde? Es sind meist gesellschaftliche Leitbilder, die dafür verantwortlich sind und die energetische Intuition zum Schweigen bringen. Wenn Sie jedoch Ihrem »Höheren Selbst« begegnet sind, wird sich Ihr Verhältnis zur Liebe in jeder Beziehung wandeln. Allein die Frage, ob jemand Ihr inneres Ich liebt oder etwas anderes an Ihnen, ist ein wichtiger Indikator. Sie selbst können Ihre Liebe prüfen, wenn Sie sich die Frage stellen, ob Sie in Ihrer Liebe »bei sich« sind oder »außer sich«.

Das »Außer-sich-Sein« signalisiert stets, dass Sie Ihre Mitte nicht mehr finden und sich buchstäblich entäußern. Sie werden dann reizbar sein, von Stimmungsschwankungen heimgesucht und zuweilen auch der Spott Ihrer Umwelt. Nicht umsonst haben unsere Vorfahren dann von der »Liebeskrankheit« gesprochen oder von der »Liebesnarretei«, denn sie verwirrt uns und stürzt uns in wahre »Verrücktheit«.

Es ist sicherlich schwer, an diesen Mustern zu arbeiten. Zu verführerisch ist es, den Lockungen zu erliegen, die auf bloßen Reizen beruhen. Wohl jeder kennt diese Versuchungen und ist ihnen schon einmal erlegen. Andererseits lehrt uns die Erfahrung, dass die Ernüchterung nicht lange auf sich warten lässt. Wie auf einen Rausch der Kater folgt, stehen wir verletzt und verwundet da, wenn sich die Rauchschwaden kurzzeitig aufflackernder Gefühle verflüchtigen. Es wird Ihnen helfen, im Zwischenmenschlichen die echte Liebe zu finden, wenn Sie die ozeanischen Ausmaße der kosmischen Liebe kennengelernt haben.

Sinn der energetisch wahrhaftigen Liebe ist es, Licht in die Welt zu bringen. Menschen mit besonders starken positiven

Energiefeldern sind daher Lichtbringer, mit dem Auftrag, das Dunkel zu erhellen. Das ist unsere eigentliche Bestimmung, und wer darum weiß, wird selbst ein Lichtbringer werden, der weit ausstrahlt, bis in den Kosmos. Energie als universale Liebe beschreibt eine Lebensform der Offenheit, Durchlässigkeit und Zugewandtheit, die das Individuum aus seiner Isolation erlöst. Das Spektrum reicht von der Partnerbeziehung über Familie und Freunde bis hin zu Empathie und Akzeptanz als Basis menschlichen Umgangs und des Umgangs mit der Welt. Im Idealfall ist die gelingende universale Beziehungsfähigkeit die höchste Form fließender Energie.

Lassen Sie nicht nach im Bemühen, die kosmische Liebe zur Grundlage Ihrer Existenz zu machen. Sie schlummert bereits in Ihnen und wartet nur darauf, von Ihnen erweckt zu werden. Seien Sie gut zu sich und zu anderen. Behandeln Sie Ihren Körper, Ihren Geist und Ihre Seele wie ein unschätzbar wertvolles Geschenk, das weder missachtet noch beschmutzt werden darf. Nicht zuletzt Ihre Ausstrahlung wird davon profitieren. Über das Prinzip der Resonanz werden Sie Menschen an sich ziehen, die Ihnen guttun. Wie gegenseitige Resonanzverstärker werden Sie einander energetisieren und ungeahnte Kräfte entwickeln.

Versprechen kann ich Ihnen nichts. Alles liegt an Ihnen, an Ihrer Bereitschaft, sich der Welt der Energien zu öffnen und ein glücklicheres Leben zu führen. Glück ist kein Zufall. Es entspringt der tiefen Liebe, die uns der Kosmos schenkt und die er uns gerade in dieser Zeit besonders leicht zugänglich macht. Jetzt ist der Moment, in dem ein verstärkter kosmischer Energiefluss erfolgt. Sind Sie empfänglich dafür, bricht die neue Zeit für Sie bereits an, begünstigt durch die intensivierte kosmische Strahlung, die auf uns einwirkt und unsere Neurochemie, unseren Körper und unser Bewusstsein verändert.

Unsere Filter werden fallen, und wir werden erkennen, wer wir wirklich sind. Unsere inaktiven Ressourcen werden eingeschaltet werden, und wir werden unsere Göttlichkeit erkennen. Dann entfällt das Leiden, denn wir verstehen, dass wir es uns selbst zugefügt haben – weil wir in einem unbewussten Zustand verharrten. Jetzt wachen wir auf. Damit geht ein derart ekstatischer Prozess einher, dass er uns sofort ankoppelt an die göttliche Quelle, den göttlichen Energiefluss. Wir werden die Liebe in einem nie gekannten Sinne entdecken, und wir werden aus der Bewusstseinslage der Liebe heraus Dinge erschaffen, die uns erfreuen. Das ist der neue Mensch, den ich meine. Wir alle stehen an der Schwelle einer neuen Epoche, und wir sollten uns dafür bereit machen. Der neue Mensch wird zu dem, was er eigentlich immer schon war – unsterblich, ein Schöpfer, in seiner ganzen Göttlichkeit.

Ich verzichte an dieser Stelle auf eine Zusammenfassung. Stattdessen möchte ich Sie bitten, wenn möglich das Kapitel ein zweites Mal zu lesen, denn es enthält sehr konzentriert die Quintessenz meiner energetischen Erkenntnisse. Möge es Sie »erleuchten«!

7. Energieritual
Die Begegnung mit dem »Höheren Selbst«

Ich gebe zu: Dieses letzte Energieritual ist sicherlich das schwierigste in diesem Buch. Doch ich vertraue darauf, dass Sie im Laufe der Lektüre aufsteigend die vorhergehenden Energierituale absolviert haben und sich bereits auf einer energetisch hochsensibilisierten Stufe befinden. Allen »Quereinsteigern« muss ich sagen, dass sie sehr wahrscheinlich enttäuscht sein werden. Und selbst wenn Sie bereits einen hohen Energielevel erreicht haben, rechnen Sie bitte damit, dass es vieler Wiederholungen bedarf, bevor Sie in die Nähe Ihres »Höheren Selbst« gelangen.

Da die Anweisungen sehr umfangreich sind und höchste Konzentration verlangen, könnte es von Vorteil sein, wenn Sie sie auf einen Tonträger, beispielweise einen iPod, sprechen und während der Meditation abspielen. Es ist überaus wichtig, dass es Ihre eigene Stimme ist. Sprechen Sie in einem zarten, leisen Tonfall, so wie Sie zu einem über alles geliebten Menschen sprechen, wenn Sie unter sich sind.

Wandeln Sie den Text ab, indem Sie die Du-Form wählen. Lassen Sie zwischen den einzelnen Schritten Pausen von etwa zwei Minuten. Das mag Ihnen verhältnismäßig lang erscheinen, doch Sie werden sehen, dass Sie diese Zeitspannen benötigen. Zwischen dem zehnten und elften Schritt sollte die Pause am längsten sein. Probieren Sie es mit etwa sieben Minuten aus. Wenn Sie die Erfahrung machen, dass die Pause länger sein sollte, zögern Sie nicht, das Band neu zu besprechen. Wenn Sie mit der Übung vertraut sind, können Sie die Anweisungen auch nach dem zehnten Schritt ganz beenden.

Falls Sie sich für diese Variante entschieden haben, spielen Sie das Band niemand anderem vor. Es ist Ihr ureigenster, persönlichster Besitz, der auf keinen Fall durch Kommentare oder meditationsfremde Umfelder entheiligt werden darf.

Vorbereitung

- Für diese Übung sollten Sie einen besonderen Ort aufsuchen: still, pur, ohne Reize. Die eigene Wohnung ist meist wenig geeignet dafür, es sei denn, Sie können sich den Luxus eines eigens eingerichteten, kargen Meditationsraums erlauben. Er sollte hell sein und nur eine Sitzgelegenheit oder einen Teppich enthalten – keine Bilder, keine Pflanzen oder andere Dekorationsstücke.
- Alles, was Sie an den Alltag erinnert, würde bei diesem Ritual doppelt stören. Noch die kleinste Ablenkung in Form von Assoziationen und Gedanken ist fähig, Sie an tiefer Entspannung und Kontemplation zu hindern.
- Es hat sich bewährt, diese Übung entweder an einem absolut geschützten Platz in der Natur durchzuführen
- Alternativ können Sie in einem Meditationszentrum um einen entsprechend puristischen Raum bitten. Zögern Sie nicht, diese Hilfe in Anspruch zu nehmen, denn man wird Ihr Anliegen sofort verstehen. Es lohnt sich, auch wenn Sie eventuell eine kleine Mietzahlung investieren müssen.
- Tragen Sie Kleidung, die Sie weder einengt noch mental beschäftigt. Also am besten einen schlichten Jogginganzug oder Ähnliches.

- Sie sollten bei diesem Energieritual liegen. Wählen Sie Kissen, Decken oder einen Teppich, je nachdem, was Ihnen persönlich gefällt.
- Sorgen Sie für absolute Stille, eventuell sogar durch Oropax, um störende Geräusche auszuschließen. Oder Sie suchen sich eine Musik aus, die sich schon bei anderen Energieritualen als entspannend erwiesen hat. Falls Sie mit dem selbst eingesprochenen Band arbeiten, sollte die Musik bereits darauf enthalten sein.

1 Legen Sie sich mit dem Rücken auf den Boden. Schließen Sie die Augen. Legen Sie Ihre Handflächen übereinander etwa eine Handbreit unter dem Herzen auf, etwa dort, wo sich das Sonnengeflecht befindet. Atmen Sie tief und regelmäßig.

2 Erspüren Sie das Energiezentrum unter Ihrem Herzen und erweitern Sie es mit jedem Atemzug. Visualisieren Sie dabei eine goldene Kugel, die ständig größer wird. Nach einigen Sekunden schon werden Sie merken, dass sich Ihre Handflächen leicht abheben – es ist die Wirkung der energetischen Aura, die sich kraftvoll aufbaut.

3 Dehnen Sie die Außenflächen der Kugel, bis sie sich schmelzend auflösen. Nun entströmt Ihnen Energie, doch Sie bemerken zugleich, dass sofort Energie nachfließt. Atmen Sie weiter tief und regelmäßig und so achtsam, als atmeten Ihre Lungen flüssiges Gold.

4 Visualisieren Sie jetzt einen leuchtenden Strahl, der von Ihrem Körper bis zur Zimmerdecke reicht. Er wird stetig größer, stärker, bis sein Durchmesser die Breite Ihres Körpers ausmacht. Durchdringen Sie die Zimmerdecke und leiten Sie den

Lichtstrahl bis zum Hausdach, dann bis zu den Wolken und schließlich direkt in den Kosmos.

5 Über Ihnen erstrahlt jetzt eine leuchtende Energiesäule, die Sie mit dem Universum verbindet. Berühren Sie die Gestirne mit dieser strahlenden, pulsierenden Säule und nehmen Sie auf diese Weise Kontakt auf. Lassen Sie sich durchströmen von der planetaren kosmischen Energie. Ihre Gedanken sind ausgeschaltet, keine Überlegungen, keine Reflexionen behelligen Sie, Sie sind nur noch Licht und Energie. Nehmen Sie sich Zeit – »alle Zeit der Welt«.

6 Nun kommt der entscheidende Schritt. Freuen Sie sich darauf. Atmen Sie besonders kräftig ein und entlassen Sie beim ebenso kräftigen Ausatmen Ihr inneres Ich in den Lichtstrahl. Betrachten Sie es wie ein Wesen, das zugleich Ich und Nicht-Ich ist. Lassen Sie es in der Lichtsäule schweben, lassen Sie es tanzen, baden Sie es im Licht. Lächeln Sie es an. Sie dürfen es lieben, mit all der unerschöpflichen Energie, an die Sie angeschlossen sind.

7 Sie sind bereit für Ihre geistige Levitation. Sie befinden sich im intensivsten energetischen Austausch mit dem Ich/Nicht-Ich-Wesen. Entlassen Sie Ihre Seele aus der Brust und lassen Sie sie zu dem Wesen aufsteigen. Umfangen Sie es, bis Seele und Ich/Nicht-Ich verschmelzen.

8 Sie spüren Ihren Körper nicht mehr, nur noch ein großes Fließen und Strömen. Lauschen Sie auf die Stimmen, die Sie hören, empfangen Sie die Botschaften. Es kann auch Musik, ein Wälderrauschen oder der Klang von Wellen sein. Es ist die Sphärenmusik, die Musik des Kosmos, reine Energie.

9 Achten Sie auf die Bilder. Es sind Bilder der Liebe, der Reinheit, der Freude. Kosten Sie sie in ihrem ganzen Reichtum

aus. Tauchen Sie tief hinein. Kosten Sie das unermessliche Glücksgefühl in allen seinen Facetten aus. Lassen Sie es strahlen wie den hellsten Stern, hell wie die Sonne.

10 Heben Sie die Hände und halten Sie sie in den Energiestrom. Führen Sie ihn sanft zu sich, zu Ihrem Körper und verteilen Sie ihn mit ausladenden Gesten im ganzen Raum. Streichen Sie ihn liegend um sich herum aus, sodass Sie sicher eingebettet sind.

11 Verbleiben Sie mit locker angelegten Armen auf dem Boden. Sie können ruhen, auch einschlafen, wonach immer Ihnen zumute ist.

12 Erst dann, wenn Sie wirklich möchten, stehen Sie auf. Streichen Sie sanft über Ihren Körper und öffnen Sie die Augen. Trinken Sie eine Tasse Tee oder ein Glas Wasser, um abgebaute Schlacken auszuschwemmen. Vermeiden Sie anschließend jeden elektronischen Einfluss. Gehen Sie in der Natur spazieren oder suchen Sie Ihr Bett auf.

Ich wünsche Ihnen von Herzen, dass dieses Ritual Sie zur unendlich beglückenden Dimension Ihres »Höheren Selbst« führen wird!

NACHWORT

Dieses Buch hätte nicht entstehen können ohne die vielen intensiven Gespräche, die ich in den vergangenen Jahren führen durfte, und die wertvollen Anregungen, die ich dabei erhielt. Auch für das Wissen gilt, was für die Energie grundlegend ist: Ohne Austausch wäre es nicht existent.

Daher möchte ich den vielen Weggefährten, Unterstützern und Begleitern danken, die mich inspirierten und beflügelten. Das gilt im Besonderen auch für die zahlreichen Teilnehmer meiner Seminare, die mich immer wieder mit ihren klugen Fragen und beeindruckenden Erlebnisberichten weiterbrachten.

Es ist für mich unendlich beglückend, zu sehen, dass ich mit meinen Forschungen den Menschen dienen kann, weil sie nach neuen Wegen suchen und auf Informationen angewiesen sind, die nicht ohne Weiteres zugänglich sind. Mit diesem Buch hoffe ich, auch jene zu erreichen, die erst seit Kurzem auf der Suche sind und kein entsprechendes Vorwissen haben. Gerade für sie ist es unerlässlich, Zugang zum energetischen Weg zu finden.

Mein besonderer Dank gilt den Mitarbeitern des Scorpio

Verlags, allen voran dessen Leiter, Christian Strasser. Er ist ein Ausnahmeverleger, der es schafft, das Unmögliche möglich zu machen. Seine Ermutigung und sein spirituelles Engagement sind mir unentbehrlich geworden. Und ich weiß, dass er selbst einen Pfad eingeschlagen hat, der ihn zur Erleuchtung bringen wird.

Bezugsquelle zu AUMEGA 1:
weiterführende Informationen unter www.aumega.de.

REGISTER

F

G

Das Praxisbuch zum Standardwerk *(R)Evolution 2012* bietet konkrete Anleitungen, mit denen Sie die Herausforderungen von 2012 meistern werden. Denn wir alle können vom globalen Bewusstseinswandel profitieren, der durch veränderte Sonnenaktivitäten hervorgerufen wird.

192 Seiten, laminierter Pappband
16,90 € (D), 17,40 € (A), 25,90 sFr
ISBN 978-3-941837-00-3

Nur wenige finden, wonach Sie sich sehnen. Dabei verfügen wir alle über die Kraftquellen, um unser Glück Wirklichkeit werden zu lassen. Die Vernetztheit des Menschen mit dem Kosmos ist wissenschaftlich bewiesen. Dieter Broers erläutert, wie wir die daraus resultierende Energie für uns nutzen können.

256 Seiten, gebunden
17,95 € (D), 18,50 € (A), 31,50 sFr
ISBN 978-3-942166-01-0

Warum kann der Glaube Berge versetzen? Wo sitzt das Bewusstsein? Ist ein Teil von uns unsterblich? Dieter Broers gibt Einblicke in die tatsächliche Identität und Wirkweise unseres Bewusstseins. Basierend auf den Erkenntnissen der Quanten- und Biophysik, stellt er verfestigte Doktrinen auf den Kopf und sorgt mit klaren Schlussfolgerungen für Aha-Effekte.

224 Seiten, laminierter Pappband
17,95 € (D), 18,50 € (A), 31,50 sFr
ISBN 978-3-941837-17-1

DVDs und Hörbücher

(R)Evolution 2012
Die Menschheit vor einem Evolutionssprung
DVD, nach einer Idee von Dieter Broers
Spielzeit: 96 Min., 21,95 € (D)
ISBN 978-3-9812442-6-7

Dieter Broers –
Leben für ein neues Weltbild
DVD, Spielzeit ca. 90 Minuten
21,95 € (D)
ISBN 978-3-942166-07-2

Weltenwandel Edition
(R)Evolution 2012
Die Menschheit vor einem Evolutionssprung
nach einer Idee von Dieter Broers
6 DVDs und 1 CD
Gesamtspielzeit über 800 Minuten
79,95 €
ISBN 978-3-942166-08-9

von und mit Dieter Broers

Hörbuch
Dieter Broers (R)Evolution 2012
Warum die Menschheit vor einem Evolutionssprung steht
Einführung gesprochen von Dieter Broers
17,95 € / 18,50 (A) / 31,50 (sFr)
3 CDs, Spielzeit ca. 210 min.
ISBN 978-3-942166-18-8

Hörbuch
Dieter Broers Checkliste 2012
Sieben Strategien, wie Sie die Krise in Ihre Chance verwandeln
Einführung gesprochen von Dieter Broers
12,95 € / 13,40 (A) / 20,50 (sFr)
2 CDs, Spielzeit ca. 120 min.
ISBN 978-3-941837-20-1

Hörbuch
Dieter Broers
Meditationen für 2012
Aus dem Buch Checkliste 2012 von Dieter Broers
9,95 € / 10,30 (A) / 15,90 (sFr)
1 CD, Spielzeit ca. 75 min.
ISBN 978-3-941837-24-9